学研

毎日のドリルの 特長

やりきれるから自信がつく！

✓ 1日1枚の勉強で、学習習慣が定着！

◎目標時間に合わせ、無理のない量の問題数で構成されているので、「1日1枚」やりきることができます。

◎解説が丁寧なので、まだ学校で習っていない内容でも勉強を進めることができます。

✓ すべての学習の土台となる「基礎力」が身につく！

◎スモールステップで構成され、1冊の中でも繰り返し練習していくので、確実に「基礎力」を身につけることができます。「基礎」が身につくことで、発展的な内容に進むことができるのです。

◎教科書の学習ポイントをおさえられ、言葉の力や表現力も身につけられます。

✓ 勉強管理アプリの活用で、楽しく勉強できる！

◎設定した勉強時間にアラームが鳴るので、学習習慣がしっかりと身につきます。

◎時間や点数などを登録していくと、成績がグラフ化されたり、賞状をもらえたりするので、達成感を得られます。

◎勉強をがんばると、キャラクターとコミュニケーションを取ることができるので、日々のモチベーションが

学研

毎日のドリルの使い方

1　1日1枚、集中して解きましょう。

◎1回分は、1枚（表と裏）です。
1枚ずつはがして使うこともできます。

◎目標時間を意識して解きましょう。
アプリのストップウォッチなどで、かかった時間を計るとよいでしょう。

・「かくにんテスト」　ここまでの内容が身についたかを確認しましょう。

・「まとめテスト」　最後に、この本の内容を総復習しましょう。

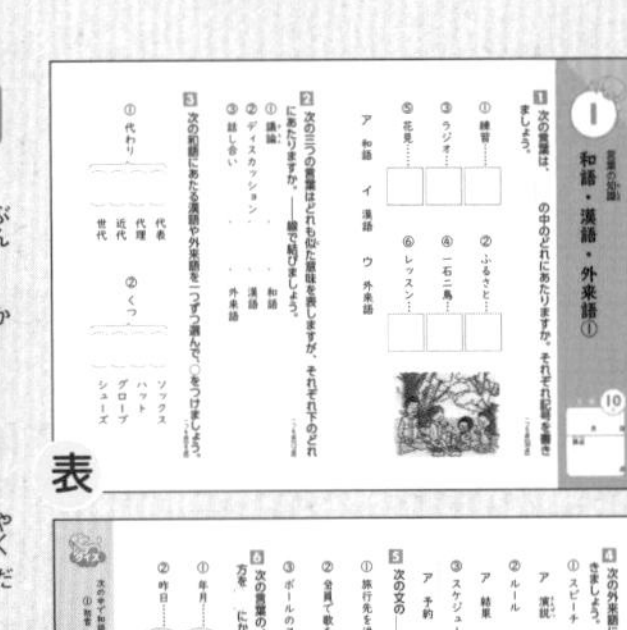

書く力
・文を書くときに役立つ表現力がつく問題です。

読む力
・文章を読むときに役立つ言葉の力がつく問題です。

2　答え合わせをしましょう。

・本の最後に、「答えとアドバイス」があります。

・答え合わせをして、点数をつけましょう。

・アドバイスには考え方や解き方がのっています。よく読んで、学習に役立てましょう。

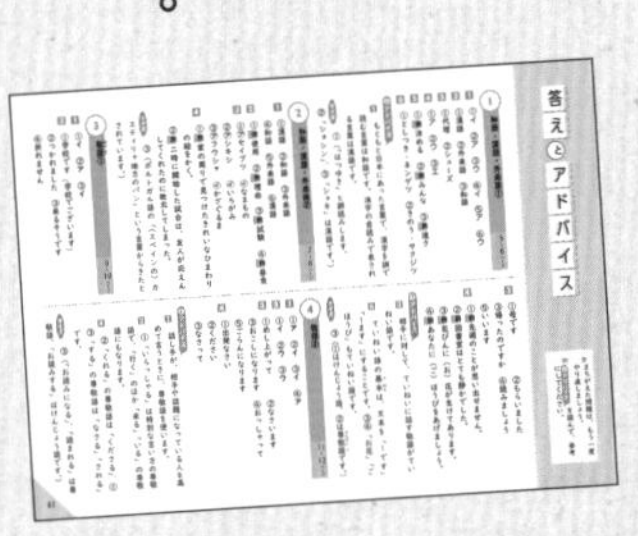

3　アプリに得点を登録しましょう。

・アプリに得点を登録すると、成績がグラフ化されます。

・勉強すると、キャラクターが育ちます。

無料
ダウンロード

毎日のドリル

勉強管理アプリ

アプリといっしょだと，ドリルが楽しく進む!?

毎日のドリル 勉強管理アプリ

「毎日のドリル」シリーズ専用，スマートフォン・タブレットで使える無料アプリです。
1つのアプリでシリーズすべてを管理でき，学習習慣が楽しく身につきます。

1 「毎日のドリル」の学習を徹底サポート！

毎日の勉強タイムをお知らせする
「タイマー」

かかった時間を計る
「ストップウォッチ」

勉強した日を記録する
「カレンダー」

入力した得点を
「グラフ化」

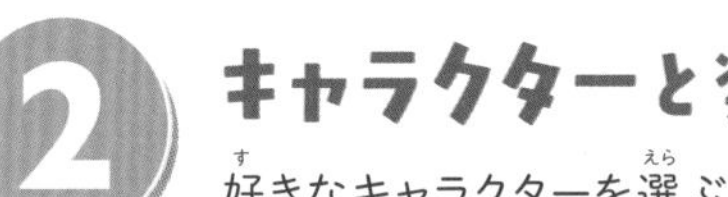

2 キャラクターと楽しく学べる！

好きなキャラクターを選ぶことができます。勉強をがんばるとキャラクターが育ち，「ひみつ」や「ワザ」が増えます。

3 1冊終わると，ごほうびがもらえる！

ドリルが1冊終わるごとに，賞状やメダル，称号がもらえます。

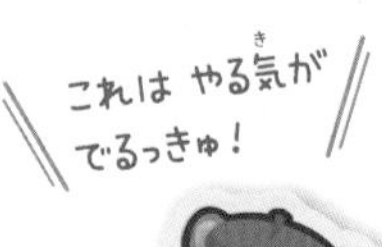

4 漢字と英単語のゲームにチャレンジ！

ゲームで，どこでも手軽に，楽しく勉強できます。漢字は学年別，英単語はレベル別に構成されており，ドリルで勉強した内容の確認にもなります。

アプリの無料ダウンロードはこちらから！

https://gakken-ep.jp/extra/maidori/

【推奨環境】

■ 各種Android端末：対応OS Android6.0以上　※対応OSであっても，Intel CPU（x86 Atom）搭載の端末では正しく動作しない場合があります。

■ 各種iOS（iPadOS）端末：対応OS iOS10以上　※対応OS や対応機種については，各ストアでご確認ください。

※お客様のネット環境および携帯端末によりアプリをご利用できない場合，当社は責任を負いかねます。ご理解，ご了承いただきますよう，お願いいたします。

言葉の知識

1 和語・漢語・外来語①

目標 10分

月　日

得点　　点

1 次の言葉は、□の中のどれにあたりますか。それぞれ記号を書きましょう。 一つ5点【30点】

① 練習……［　］　② ふるさと……［　］

③ ラジオ……［　］　④ 一石二鳥……［　］

⑤ 花見……［　］　⑥ レッスン……［　］

ア 和語　イ 漢語　ウ 外来語

2 次の三つの言葉はどれも似た意味を表しますが、それぞれ下のどれにあたりますか。――線で結びましょう。 一つ4点【12点】

① 議論 ・　　・ 和語

② ディスカッション ・　　・ 漢語

③ 話し合い ・　　・ 外来語

3 次の和語にあたる漢語や外来語を一つずつ選んで、○をつけましょう。 一つ4点【8点】

① 代わり　代表　代理　近代　世代

② くつ　ソックス　ハット　グローブ　シューズ

4 次の外来語にあたる漢語を、それぞれの□から選んで、記号を書きましょう。 一つ5点【15点】

① スピーチ
ア 演説（えんぜつ） イ 発声 ウ 質問（しつもん） エ 提案（ていあん）

② ルール
ア 結果 イ 方法 ウ 規則（きそく） エ 決定

③ スケジュール
ア 予約 イ 約束 ウ 予測（よそく） エ 予定

5 次の文の――線の言葉を、和語に書きかえましょう。 一つ5点【15点】

① 旅行先を決定する。

② 全員で歌を歌う。

③ ボールのスピードを計る。

6 次の言葉の、和語での読み方を（　）にひらがなで、漢語での読み方を〔　〕にかたかなで書きましょう。 一つ5点【20点】

和語　漢語

① 年月……（　）・〔　〕

② 昨日……（　）・〔　〕

同じ熟語（じゅくご）でも和語と漢語の読み方がある場合は、注意しよう。

クイズ

次の中で和語はどれ？

① 初雪 ② 初心 ③ 初期

答え ▶ 81ページ

言葉の知識

2 和語・漢語・外来語②

目標 10分

月　日

得点　　点

1 次の文は、「和語」「漢語」「外来語」のうち、どれについて説明したものですか。それぞれ答えましょう。 一つ5点【30点】

① 中国語から日本語に入ってきた言葉。（　　）

② 日本でもともと使われていた言葉。（　　）

③ 中国語以外の外国語から日本語に入ってきた言葉。（　　）

④ 耳で聞いたときにわかりやすく、やわらかい感じがする言葉。（　　）

⑤ ふつう、かたかなで書かれる言葉。（　　）

⑥ 日本で新たに漢字を組み合わせて作った「音」で読む言葉。（　　）

2 次の文の――線の言葉を、漢語に書きかえましょう。 一つ5点【20点】

① この部屋は、使うことが許されている。（　　）

② 待ち合わせにおくれたわけを話す。（　　）

③ あしたのテストに備えて勉強する。（　　）

④ 友達といっしょにランチを食べる。（　　）

3 次の――線の言葉の読み方を、和語の場合はひらがなで、漢語の場合はかたかなで書きましょう。

一つ5点【30点】

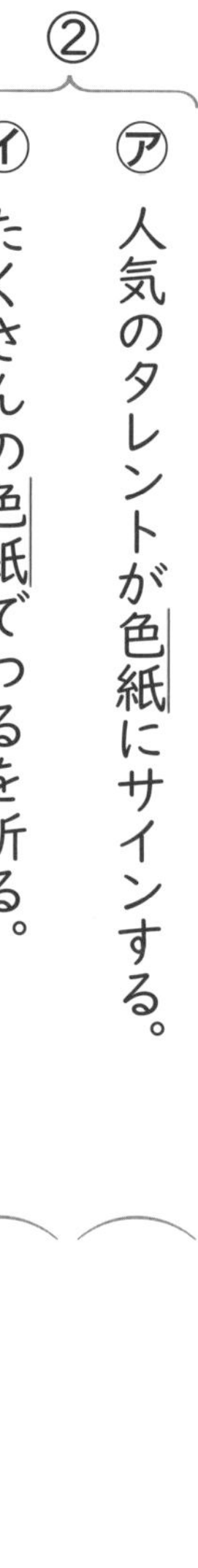

① ㋐ 川にすむ生物について調べる。（　　）
　 ㋑ 生物なので、すぐに食べた。（　　）

② ㋐ 人気のタレントが色紙にサインする。（　　）
　 ㋑ たくさんの色紙でつるを折る。（　　）

③ ㋐ おかの上に大きな風車が三台見える。（　　）
　 ㋑ お祭りの夜店で、風車を買う。（　　）

漢語と和語で意味がちがう熟語は、文の内容に合わせて読み分けるんだよ。

書く力

4 次の文の――線の言葉を、後の〈　〉の言葉に言いかえて、全文を書き直しましょう。

一つ10点【20点】

① 家の周囲で発見したひまわりのイラストをかく。〈和語〉

② 二時にスタートした試合は、友達が応えんしてくれたのに負けてしまった。〈漢語〉

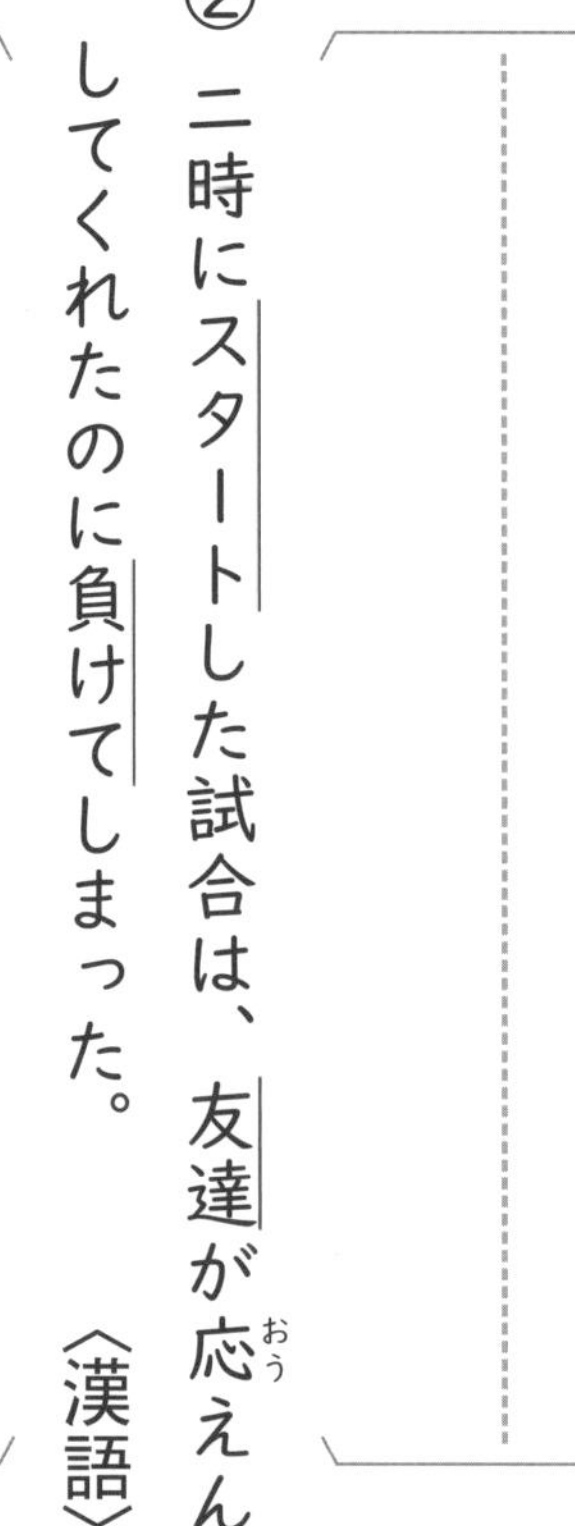

「カステラ」は何語がもと？
① 英語　② フランス語　③ ポルトガル語

答え ▶ 81ページ

3 言葉の知識 敬語①

目標 10分

月　日

得点　　点

1 次の文で、あまり親しくない人や大勢の人に言っているのはどちらですか。それぞれ記号を書きましょう。　一つ5点【15点】

① ア その質問には、わたしが答える。
　 イ その質問には、わたしが答えます。

② ア わたしの話を聞いてください。
　 イ わたしの話を聞いて。

③ ア いっしょに本を選ぼう。
　 イ いっしょに本を選びましょう。

2 次の文の――線の言葉を、ていねい語に直して書きかえましょう。　一つ5点【20点】

① あれがぼくたちの学校だ。

② 今日はとてもつかれた。

③ どうやら台風が来るそうだ。

④ この紙では、つるがうまく折れない。

3 次の文の――線の言葉を、ていねい語に直して書きましょう。 一つ5点【25点】

① こちらがわたしの母だ。

② 兄から手紙をもらった。

③ 中山(なかやま)さんはもう帰ったのか。

④ その部分はぼくが読もう。

⑤ 友人は町田(まちだ)さんという。

書く力

4 次の文を、ていねい語を使って書きかえましょう。 一つ10点【40点】

① 先週のことが思い出せない。

② 図書室はとても静かだった。

③ 花びんに花が生けてある。

④ あなたにほうびをあげよう。

クイズ

「食べる」のていねい語はどれ？

① いただく　② めし上がる　③ 食べます

答え ▶ 81ページ

4 言葉の知識 敬語②

目標 10分

月　日

得点　　点

1 次の文で、相手や話題になっている人を高める言い方をしているのは、どちらですか。それぞれ記号を書きましょう。

【一つ5点【20点】】

① ア 校長先生がお話しになる。
　 イ 校長先生が話す。

② ア 何を聞いているのですか。
　 イ 何を聞かれているのですか。

③ ア 先生がこの本をくれました。
　 イ 先生がこの本をくださいました。

④ ア ご入学おめでとうございます。
　 イ 入学おめでとう。

① □　② □　③ □　④ □

2 上の言葉にふさわしい尊敬語を、それぞれア～ウから選んで、記号を書きましょう。

【一つ5点【15点】】

① 田中先生が、今日、東京へ
　 ア 行くそうです。
　 イ いらっしゃるそうです。
　 ウ 参るそうです。
□

② どうぞ、記念品はこちらで
　 ア もらいなさい。
　 イ いただいてください。
　 ウ お受け取りください。
□

③ 先生が
　 ア 言った
　 イ 話した
　 ウ おっしゃった
とおりですね。
□

3 次の文の——線の言葉の尊敬語(そんけいご)を、後の□から選んで、文に合う形に直して書きましょう。

一つ7点【35点】

① どうぞ、コーヒーを飲んでください。

② 先生が見回りをします。

③ 知事は、開会式に来ます。

④ お客様は、何と言っていますか。

⑤ お客様、どの商品を見ますか。

ごらんになる	おっしゃる	なさる
めし上がる	おこしになる	

4 次の文の——線の言葉を、尊敬語に書きかえましょう。

一つ10点【30点】

① 小林(こばやし)先生は、もう出発しましたか。

② このノートは、先生がくれました。

③ お体を大事にしてください。

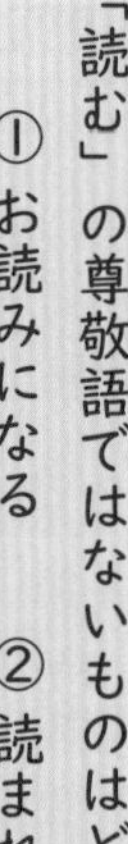

クイズ

「読む」の尊敬語ではないものはどれ？

① お読みになる　② 読まれる　③ お読みする

答え ▶ 81ページ

5

言葉の知識

敬語③

目標 10分

月　日

得点

点

1 次の文で、自分や身内の動作を低めて言っているのはどちらですか。それぞれ記号を書きましょう。

一つ5点【20点】

① ア わたしが先生をおよびします。
　 イ わたしが先生をよびます。

② ア 母が家族をご紹介になります。
　 イ 母が家族をご紹介いたします。

③ ア わたしが明日うかがいます。
　 イ わたしが明日訪ねます。

④ ア お客様がくださいました。
　 イ お客様からいただきました。

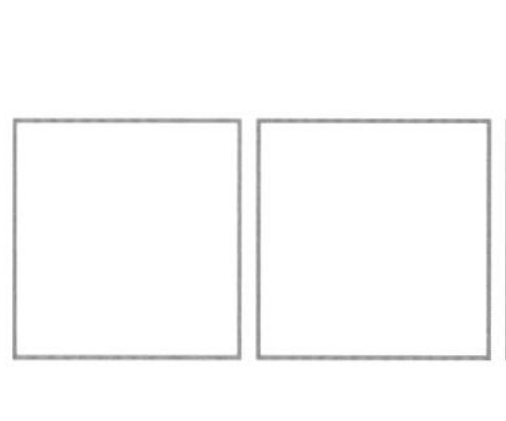

2 上の言葉に続く言葉としてふさわしいのはどちらですか。それぞれ記号を書きましょう。

一つ5点【25点】

① わたしは、ケーキを ア めし上がります。 イ いただきます。

② ぼくが、この詩を ア お読みになります。 イ お読みします。

③ 母が大阪へ ア 参ります。 イ いらっしゃいます。

④ わたしは、先生の絵を ア 拝見しました。 イ ごらんになりました。

⑤ 父がそれについて、 ア ご説明なさいます。 イ ご説明いたします。

3 次の文の――線の言葉のけんじょう語を、後の［　］から選んで、文に合う形に直して書きましょう。

一つ5点【25点】

① 母が「お大事に。」と、言っておりました。（　　）

② 父の代わりに兄が来ます。（　　）

③ 先生から許可(きょか)をもらってきます。（　　）

④ ぜひ、その話を聞きたいです。（　　）

⑤ あなたに、この本をやろう。（　　）

いただく　差し上げる　うかがう
申す　参る

書く力

4 次の文を、けんじょう語を使って書きかえましょう。

一つ10点【30点】

① わたしが書類を先方にとどけます。

（　　）

② 父は今、家にいます。

（　　）

③ 明日、母とあいさつに行きます。

（　　）

クイズ

「会う」のけんじょう語ではないものはどれ？

① お目にかかる　② お会いする　③ お会いになる

答え ▶ 82ページ

6 かくにんテスト①

読む力

1 次の文章を読んで、後の問題に答えましょう。
一つ8点【16点】

五年生になって、わたしは飼育（しいく）委員になりました。飼育委員の仕事は、昼食のあとの昼休みに、うさぎ小屋のそうじをして、うさぎにえさをやることです。みんなでうさぎの体調を観察することも大切です。

①「全員」と同じ意味の和語を書きぬきましょう。

（　　　）

②「ランチ」と同じ意味の漢語を書きぬきましょう。

（　　　）

2 次の□の言葉を、①和語、②漢語、③外来語に分けて、記号を書きましょう。
全部できて一つ6点【18点】

ア オペラ　イ 初級　ウ 菜の花　エ 人工衛星（えいせい）
オ 果物　カ 日光浴　キ パスタ　ク 筆箱
ケ レストラン　コ 歌手　サ 青空　シ カルタ

① 和語……（　　　）

② 漢語……（　　　）

③ 外来語……（　　　）

3 上の言葉に続く敬語表現として、最もふさわしいものを選んで、記号を○で囲みましょう。

一つ6点【18点】

① お客様は、先ほど
- ア お帰りしました。
- イ お帰りになりました。
- ウ 帰ったところです。

② わたしはここで
- ア 待たれます。
- イ お待ちになります。
- ウ お待ちします。

③ 先生が、注意点を
- ア 述べられます。
- イ 述べます。
- ウ お述べします。

4 次の文の――線の言葉を、〈 〉に示した敬語に書きかえましょう。

一つ6点【48点】

① 頂上まで、がんばって<u>登ろう</u>。〈ていねい語〉（　　）

② 先生があいさつを<u>した</u>。〈尊敬語〉（　　）

③ 先生からおにぎりを<u>もらった</u>。〈けんじょう語〉（　　）

④ 校長先生が絵を<u>見る</u>。〈尊敬語〉（　　）

⑤ 今日は早めに学校に<u>来た</u>。〈ていねい語〉（　　）

⑥ 今日の面談には父が<u>来ます</u>。〈けんじょう語〉（　　）

⑦ この方は山本さんと<u>いいます</u>。〈尊敬語〉（　　）

⑧ わたしはごちそうを<u>食べた</u>。〈けんじょう語〉（　　）

答え ▶ 82ページ

方言と共通語

目標 10分

月　日

得点　　点

1 次の①〜③の——線の方言は、それぞれ同じ意味を表します。どのような意味ですか。□から選んで記号を書きましょう。 一つ6点【18点】

① わりいっけねえ。（静岡）
きのどくな。（富山）
ありがどがんす。（岩手）

② 今日はぼっけえさみいのう。（岡山）
今度来た先生はわっぜきびしが。（鹿児島）
ごっついきれいな花やなあ。（徳島）
だちかんがね、お茶をこぼしちゃあ。（愛知）

③ おぐれで来ればわがねよ。（青森）
そんなことしたらあかん。（大阪）

ア とても　イ ありがとう　ウ だめ

2 次の文は、ア 方言、イ 共通語のどちらを説明したものですか。それぞれ記号を書きましょう。 一つ8点【32点】

① 全国のどの地方の人にも通じ、改まった場面などで使われる言葉。

② ある地域だけで通用し、独特の表現を多くふくむ言葉。

③ 全国向けのニュース番組で使われる言葉。

④ 昔からそれぞれの地方で使われ続けていて、そこでくらす人々の生活に深く結び付いている言葉。

3 次の文は、後の□のどれについて述べたものですか。記号を書きましょう。

一つ8点【32点】

① その地方にくらしている人たちの気持ちや感覚を、ぴったりと言い表すことができる。

② その地方にくらしていない人に対しては、言いたいことが正しく伝わらないことがある。

③ 親しい人どうしで使うと、かえってよそよそしい感じがすることがある。

④ ちがう地方の人と話をするときでも、たがいに相手の話をきちんと理解することができる。

ア 方言の長所。　イ 共通語の長所。
ウ 方言の短所。　エ 共通語の短所。

4 方言よりも共通語を使ったほうがよいのは、どんなときですか。次の□から三つ選んで、記号を書きましょう。

一つ6点【18点】

ア 友達に自分の気持ちを伝えようとするとき。
イ ニュース番組でニュースを伝えるとき。
ウ おさななじみと久しぶりに会ったとき。
エ 夕食の後、家族のみんなと話すとき。
オ 全国から集まった人の前で話すとき。
カ 改まった場で、初対面の人とあいさつをかわすとき。

いろいろな地方の人や初対面の人に話すときには共通語を使うほうがいいね。

クイズ

青森県の方言「しばれる」の意味は？
① きびしく冷えこむ　② 物をしばる　③ しばをかる

答え ▶ 82ページ

言葉の知識
8 複合語①

目標 10分

月　日

得点　　点

1 上の言葉と組み合わさると複合語になる言葉を、下から選び――線で結びましょう。 一つ4点【24点】

① 冬 ・　　・ガラス
② まど ・　　・休み
③ 新 ・　　・ふぶき
④ アイス ・　　・発売
⑤ 年賀 ・　　・クリーム
⑥ 紙 ・　　・はがき

2 次の□の言葉は、二つの言葉が組み合わさってできた複合語です。元の言葉の、発音の一部が変わっているのはどれですか。四つ選んで、記号を書きましょう。 一つ3点【12点】

ア 手鏡　イ 消費税　ウ 雨がさ
エ 目薬　オ 手足　カ 右うで
キ 舌つづみ　ク 口笛　ケ 三日月

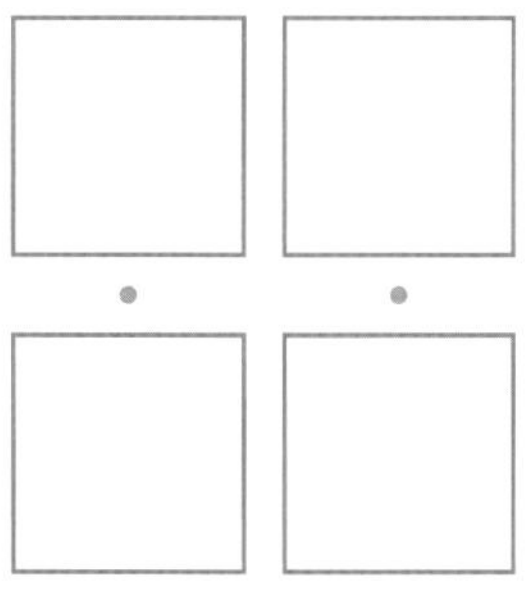

書く力

3 次の二つの言葉を組み合わせて、一つの言葉にしましょう。 一つ4点【12点】

① 国語 ＋ 辞典
② 運動 ＋ くつ
③ 消す ＋ ゴム

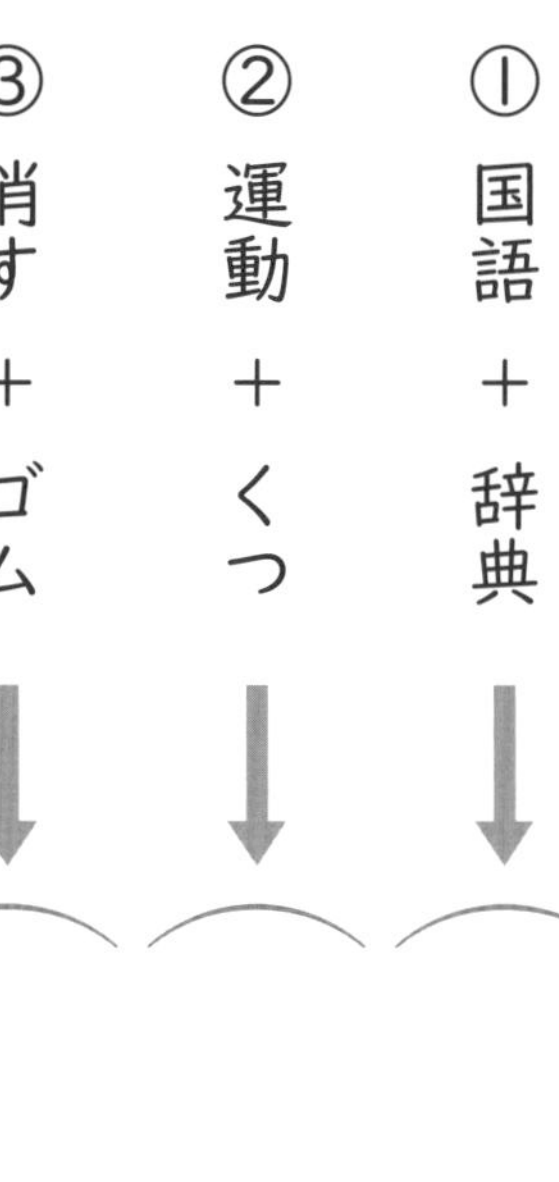

4 例 にならって、次の言葉を元の二つの言葉に分けましょう。

両方できて一つ4点【20点】

例 受け取る → (受ける)＋(取る)

① 工事現場(げんば) → (　　)＋(　　)

② 田植え → (　　)＋(　　)

③ 飛び回る → (　　)＋(　　)

④ ね苦しい → (　　)＋(　　)

⑤ 書き始める → (　　)＋(　　)

5 次の言葉は、どのような組み合わせでできていますか。後の□から選んで、記号を書きましょう。

一つ4点【32点】

① 特売品……□

② 話しかける……□

③ テレビカメラ……□

④ ごぼうサラダ……□

⑤ 紙風船……□

⑥ 低空飛行……□

⑦ ラジオ体操(たいそう)……□

⑧ たまご焼き……□

それぞれ二つの言葉に分けて、その言葉の種類を考えるといいよ。

ア 和語と和語　イ 漢語と漢語　ウ 和語と漢語
エ 外来語と外来語　オ 和語と外来語　カ 外来語と漢語

「貸(か)し借(か)り」のように、反対の意味の言葉が結び付いてできた言葉は？

① 乗りおり　② 飛び乗り　③ 乗り入れ

答え ▶ 82ページ

9 言葉の知識 複合語（ふくごうご）②

目標 10分

月　日

得点（とくてん）　　点

1 例にならって、次の二つの言葉を組み合わせて一つの言葉にし、（　）にはその読み方を書きましょう。 一つ3点【30点】

例 帰る ＋ 道 → （帰り道）・〔かえりみち〕

① 包む ＋ 紙 → （　　）・〔　　〕

② 雨 ＋ 雲 → （　　）・〔　　〕

③ 心 ＋ 細い → （　　）・〔　　〕

④ 青い ＋ 白い → （　　）・〔　　〕

⑤ 引く ＋ 返す → （　　）・〔　　〕

2 次の言葉を、一つの言葉に短く言いかえて書きましょう。 一つ5点【20点】

① 紙のふくろ → （　　）

② 近くに寄（よ）る → （　　）

③ 名前を付ける → （　　）

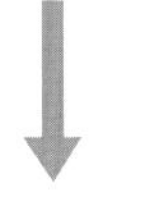

④ 走って去る → （　　）

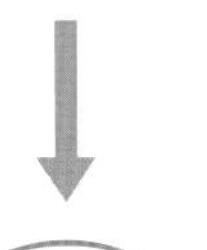

3 次の言葉を、元の一つ一つの言葉に分けて書きましょう。

全部できて一つ5点【30点】

① かけ回る →（　　）＋（　　）

② うす暗い →（　　）＋（　　）

③ 山登り →（　　）＋（　　）

④ アップルパイ →（　　）＋（　　）

⑤ 借り物競走 →（　　）＋（　　）＋（　　）

⑥ 目覚まし時計 →（　　）＋（　　）＋（　　）

4 例 にならって、次の言葉の元である複合語(ふくごうご)を書き、その複合語のどの部分が使われているかを、——線で示(しめ)しましょう。

全部できて一つ5点【20点】

例 国連 →（国際連合）

① 入試 →（　　）

② デジカメ →（　　）

③ 特急 →（　　）

④ コンビニ →（　　）

「一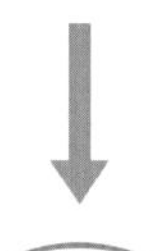一退(たい)」の□にあてはまる、「退」と反対の意味の漢字は？

① 行　② 入　③ 進

答え ▶ 82ページ

10 言葉の知識

書き言葉と話し言葉

目標 10分

月　日

得点　　点

1 次の文は、①書き言葉、②話し言葉のどちらの特ちょうを述べたものですか。それぞれ後の□に記号を書きましょう。

一つ5点【30点】

ア　じっくり見直して、改めることができる。
イ　表情や身ぶりなどを使って、言外の意図を伝えられる。
ウ　より短い、少ない言葉で、情報が伝えられる。
エ　後で何度も読み返すことができる。
オ　その場で言い直したり、くり返したりすることができる。
カ　発した言葉は、その場で消えてしまう。

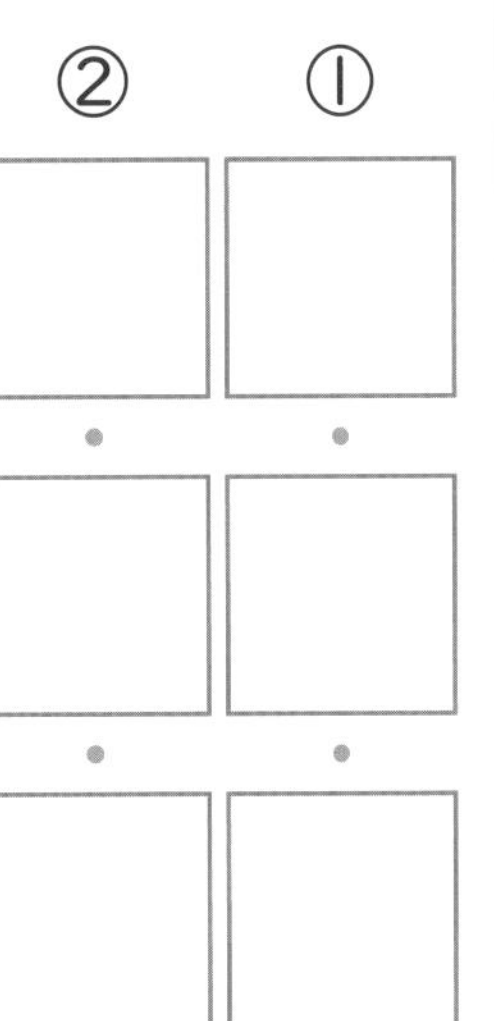

2 次の言葉は、話し言葉での誤解をさけるための言い方です。もとの言葉を選んで、記号を書きましょう。

一つ6点【18点】

① ばけがく　ア 科学　イ 化学

② ことてん　ア 事典　イ 辞典

③ いちりつ　ア 私立　イ 市立

訓があるものは訓読みしてみよう。

読む力

3 先生からわたされた次のメモの内容を、帰りの会で口頭で連らくします。それぞれの（　）に入る言葉を書きましょう。

一つ6点【30点】

〈メモ〉来週の体育（運動会の練習）に持ってくるもの
・体そう服（せなかにゼッケンを付ける）
・手ぬぐい二本（むかで競走用）　・はちまき

今から、（①）について連らくします。よく聞いてください。来週の体育では、（②）をします。本番と同じ服装ですので、体そう服には（③）きてください。それから、（④）を持ってきてください。手ぬぐいは、むかで競走に使います。一人（⑤）です。わすれないでください。

①（　　　）
②（　　　）
③（　　　）
④（　　　）
⑤（　　　）

書く力

4 次の話し言葉を、先生に提出する文としてふさわしい書き言葉に書き直しましょう。

一つ11点【22点】

① えっと、おとといは……兄ちゃんと二人で図書館に行ったよ。
（　　　）

② そんで、ゲームにあきたから、外で野球をしたんだ。
（　　　）

手紙の書き始めに使う言葉で、ふさわしくないのはどれ？
① 拝啓　② 前略　③ 草々

答え ▶ 83ページ

11 言葉の知識（ちしき） かなづかい

目標 10分

月　日

得点（とくてん）　　点

1 次の言葉をひらがなで書くとき、正しいのはどちらですか。記号を書きましょう。　一つ4点【24点】

① 大雨　ア おうあめ　イ おおあめ　［　］

② 王様　ア おうさま　イ おおさま　［　］

③ 小包　ア こづつみ　イ こずつみ　［　］

④ 三日月　ア みかづき　イ みかずき　［　］

⑤ 鼻血　ア はなじ　イ はなぢ　［　］

⑥ 気付く　ア きづく　イ きずく　［　］

オ段（だん）の音（おん）をのばすときには、「う」を書く場合と「お」を書く場合があるから、注意が必要だよ。③～⑥は、複合語（ふくごうご）で、組み合わさる前の、元の言葉の発音を考えよう。

2 次の文が正しいかなづかいの文になるように、｛ ｝の中の正しいほうを選んで、記号を○で囲（かこ）みましょう。　一つ4点【20点】

わたし①｛ア は　イ わ｝、②｛ア じてんしゃ　イ ぢてんしゃ｝で、スーパー③｛ア え　イ へ｝行って、④｛ア かんずめ　イ かんづめ｝と、おかし⑤｛ア お　イ を｝買ってきました。

3 次の―線の音をのばす発音の言葉は、どのようなかなづかいで書きますか。□に入るひらがなを書きましょう。

一つ4点【16点】

① 夕焼けがきれいだな□。

② く□きがおいしい。

③ 旅費をけ□さんする。

④ え□と、どうしようかな。

4 次の文の―線の言葉を、すべてひらがなで書きましょう。

一つ4点【20点】

①お母さんが②言うには、③兄さんと④姉さんの学校で、⑤有名なピアニストのコンサートがあるらしい。

①（　　）　②（　　）　③（　　）　④（　　）　⑤（　　）

5 例にならって、次の文のかなづかいのまちがいすべてに×をつけて、その右側に正しい字を書きましょう。

全部できて一つ5点【20点】

例 おと~~お~~（う）とと、こ~~う~~（お）ろぎをつかまえた。

① きょお、いもうととかきごうりを食べた。

② とうくまで飛ぶ紙ひこうきは、どうゆうふうに作るの？

③ 手編み（あ）のセーターをあらったら、ちじんでしまった。

④ うんどう会のせええんが、おもてどうりまで聞こえる。

かなづかいがまちがっているのはどれ？

① おうえん　② おうかみ　③ おとうと

答え ▶ 83ページ

読む力

12 かくにんテスト②

名前

目標 15分

月 日

得点 点

1 **次の文章を読んで、後の問題に答えましょう。**【25点】

「〈明日の持ち物〉弁当・飲み物・タオル」と中島先生がおっしゃった。

次の日の朝、ぼくたちわハイキングに出発した。しばらくして、草原に着いた。そこで弁当を食べた後、〔走る＋回る〕、遊びつずけた。帰り道には小川があったので、友達といっしょに水遊びをした。とても楽しい一日だった。

① 〰〰線の内容を、口頭で大勢に伝える言い方に直しましょう。（7点）

（　　　　　）

② 〔　〕内の言葉を組み合わせて複合語を作り、文に合う形で書きましょう。（6点）

（　　　　　）

③ 文章中から、かなづかいのまちがいを二つ見つけて×をつけ、（　）に正しく書き直しましょう。一つ6点（12点）

（　　　　　）・（　　　　　）

2 **次の言葉を、かなづかいに気をつけて、ひらがなで書きましょう。**一つ5点【30点】

① 多い……（　　　　　）

② 遠い……（　　　　　）

③ 言う……（　　　　　）

④ 方法……（　　　　　）

⑤ 氷水……（　　　　　）

⑥ 地面……（　　　　　）

3 方言と共通語について説明した次の文章の、（　）にあてはまる言葉を、□から選んで書きましょう。

一つ5点【20点】

それぞれの地方に特有の言葉や言い方を①（　　）といい、その土地の人々の②（　　）を的確に表せるというよさがある。

それに対して、全国どの地方の人にも通じる言葉を③（　　）といい、④（　　）や新聞では、主にこれが使われている。

ニュース　敬語　感情　方言　共通語

4 次の二つの言葉を組み合わせて複合語を作り、（　）にはその読み方をひらがなで書きましょう。

両方できて一つ5点【25点】

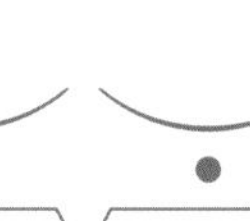

① 情け ＋ 深い → （　　）・（　　）

② 心 ＋ 強い → （　　）・（　　）

③ 雨 ＋ かっぱ → （　　）・（　　）

④ 鼻 ＋ 血 → （　　）・（　　）

⑤ 船 ＋ 乗る人 → （　　）・（　　）

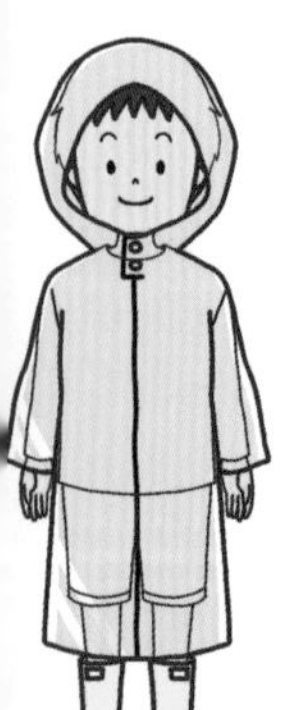

答え ▶ 83ページ

13

言葉の知識

短歌・俳句

目標 10分

月　日

得点　　点

1 次の短歌と俳句を読んで、後の問題に答えましょう。【40点】

㋐ 短歌

石がけに子ども七人こしかけて
ふぐをつりをり夕焼け小焼け

北原白秋

㋑ 俳句

五月雨をあつめて早し最上川

松尾芭蕉

① ㋐の短歌を五つに区切り、それぞれの音数を、順に漢数字で書きましょう。全部できて(6点)

□・□・□・□・□

② ㋑の俳句を三つに区切り、それぞれの音数を、順に漢数字で書きましょう。全部できて(6点)

□・□・□

③ 次の文は㋐の短歌のおよその意味を表しています。（　）にあてはまる言葉を書きましょう。一つ7点(14点)

・海辺の石がけに子どもが（　　）こしかけて、ふぐをつっている。辺りは（　　）で真っ赤になっている。

④ ㋑の俳句の季語と、それが表す季節を書きましょう。一つ7点(14点)

・季語…（　　）
・季節…（　　）

2 次の短歌を読んで、後の問題に答えましょう。 一つ6点【24点】

㋐ みちのくの母のいのちを一目見ん
　一目みんとぞただにいそげる
　　　　　　　　　　斎藤　茂吉

㋑ 金色のちひさき鳥のかたちして
　銀杏ちるなり夕日の岡に
　　　　　　　　　　与謝野　晶子

① ㋐の短歌で、作者が「一目見ん（一目見よう）」としているのは、何ですか。五字で書き出しましょう。

［　　　　　］

② 次の文は㋑の短歌について説明しています。（　）にあてはまる言葉を書きましょう。

・いちょうの葉を（　　　）にたとえて、（　　　）に照らされて（　　　）にかがやきながら散る様子をよんでいる。

3 次の俳句の季語と、それが表す季節を書きましょう。また、［　］からそれぞれの俳句に合う説明を選んで、（　）に記号を書きましょう。 一つ6点【36点】

① 菜の花や月は東に日は西に　　与謝　蕪村

・季語…（　　　）　・季節…（　　　）　（　　）

② こがらしや海に夕日を吹き落とす　　夏目　漱石

・季語…（　　　）　・季節…（　　　）　（　　）

ア　自然のきびしい光景をうたっている。
イ　広大で、絵のように美しい景色をうたっている。

クイズ
松尾芭蕉の作品はどれ？
①「おくの細道」　②「おらが春」　③「古今和歌集」

答え ▶ 83ページ

14 文語詩

目標 10分

月　日

得点(とくてん)　点

1 次の詩を読んで、後の問題に答えましょう。【40点】

黄昏(たそがれ)

島崎(しまざき)　藤村(とうそん)

つと立ちよれば垣根(かきね)には
露草(つゆくさ)の花さきにけり
さまよひくれば夕雲や
これぞこひしき門辺(かどべ)＊なる

瓦(かわら)の屋根に烏(からす)啼(な)き
烏帰りて日は暮(く)れぬ
おとづれもせず去(い)にもせで
螢(ほたる)と共にこゝをあちこち

＊門辺…門のそば。

① 「さまよひくれば」は歴史的(れきしてき)かなづかいで、現代(げんだい)のかなづかいでは、「さまよいくれば」と書きます。同じように、次の言葉を現代のかなづかいで書きましょう。　一つ15点(30点)

・こひしき→（　　　）

・おとづれも→（　　　）

② 「さきにけり」を口語に直すとどうなりますか。次から選んで、記号を書きましょう。　(10点)

ア　さいていなかった
イ　さくだろう
ウ　さいていたのだなあ

□

書く力

2 次の詩を読んで、後の問題に答えましょう。【60点】

山のあなた

カール＝ブッセ
上田　敏　訳

山のあなたの空遠く
「幸」住むと人のいふ。
ああ、われひとゝ尋めゆきて、
涙さしぐみ、かへりきぬ。
山のあなたになほ遠く
「幸」住むと人のいふ。

＊あなた…かなた。
＊尋めゆきて…たずねていって。
＊涙さしぐみ…涙ぐんで。

① 「山のあなたの／空遠く」は、何音と何音の組み合わせになっていますか。漢数字で書きましょう。（両方できて10点）

□音と□音

② この詩は、どんな種類の詩ですか。次から選んで、記号を書きましょう。（15点）

ア 口語自由詩　イ 口語定型詩
ウ 文語自由詩　エ 文語定型詩

□

③ 「かへりきぬ」を口語に直すとどうなりますか。次から選んで、記号を書きましょう。（15点）

ア 帰ってくるだろう
イ 帰ってきた
ウ 帰れなかった

□

④ 「山のあなたの空遠く」は、「山のかなたの遠くの空に」の意味です。「山のあなたになほ遠く」を、口語に直して書きましょう。（20点）

クイズ

「むねがわくわくする」と似た意味の言葉はどれ？
① むねを打つ　② むねがさわぐ　③ むねがおどる

答え ▶ 83ページ

目標 10分

月　日

得点　　点

1 上の文章は、「竹取物語」の初めの部分で、下はその口語訳です。両方を読んで、後の問題に答えましょう。

一つ6点【30点】

今は昔、竹取のおきなといふ(う)者ありけり。野山にまじりて竹を取りつつ、よろづ(ず)のことに使ひ(い)けり。名をば、さぬきのみやつことなむ(ん)いひ(い)ける。

その竹の中に、もと光る竹なむ(ん)一すぢ(じ)ありける。あやしがりて、寄りて見るに、つつの中光りたり。それを見れば、三寸ばかりなる人、いとうつくしう(しゅう)てゐ(い)たり。

今となっては昔のことだが、竹取のおじいさんという人がいた。野山に分け入って竹を取ってはいろいろなことに使っていた。名前を「さぬきのみやつこ」といった。

その竹の中に、根元の光る竹が一本あった。不思議に思って近づいて見ると、竹の中が光っていた。見ると手のひらほどの小さな人が、とてもかわいらしい様子ですわっていた。

① 次の歴史的かなづかいを、現代のかなづかいで書きましょう。

㋐ いひける → （　　　　）

㋑ うつくしうてゐたり → （　　　　）

② 次の文語の、右の文章における意味を下から選んで、——線で結びましょう。

㋐ よろづ ・　　・ 不思議だ

㋑ あやし ・　　・ いろいろ

㋒ うつくし ・　　・ きれいだ

　　　　　　　　・ かわいい

2 上の文章は、「枕草子(まくらのそうし)」の初めの部分で、下はその口語訳(やく)です。両方を読んで、後の問題に答えましょう。

一つ10点【70点】

春はあけぼの。やうやう(ようよう)白くなりゆく山ぎは(わ)、少し明かりて、むらさきだちたる雲の細くたなびきたる。

夏は夜。月のころはさらなり。やみもなほ(お)、ほたるの多く飛びちがひ(い)たる。また、ただ一つ二つなど、ほのかにうち光りて行くもをかし(お)。雨などふるもをかし(お)。

秋は夕ぐれ。……(略(りゃく))……

冬はつとめて。……(略)……


春は明け方。だんだん白くなっていく山ぎわが、少し明るくなって、むらさきがかった雲が細くたなびいているのがよい。

夏は夜。月のころは言うまでもない。やみ夜でも、ほたるがたくさん飛びかっているのはよい。ただ一つ二つと、かすかに光りながら飛んでいくのもおもむきがある。雨などがふるのもおもむきがあるものだ。

秋は夕ぐれ。……

冬は早朝。……

① 次の文語の、右の文章における意味を書きましょう。

㋐ やうやう……（　　　）
㋑ 明かりて……（　　　）
㋒ をかし……（　　　）

② 筆者は、それぞれの季節では、どんな時間帯がいいといっていますか。口語で答えましょう。

㋐ 春……（　　　）
㋑ 夏……（　　　）
㋒ 秋……（　　　）
㋓ 冬……（　　　）

クイズ

「仏(ほとけ)」を使ったことわざ「仏の顔も□度」。□に入る数は？

① 一　② 三　③ 五

答え ▶ 84ページ

16 漢文

目標 10分

月　日

得点(とくてん)　　点

1 上は、中国の昔の漢詩で、下はその書き下し文です。　一つ10点【40点】

春暁(しゅんぎょう)　孟浩然(もうこうねん)

①春眠不覚暁
②処処聞啼鳥
③夜来風雨声
④花落知多少

春眠(しゅんみん)　暁(あかつき)を　覚(おぼ)えず
処処(しょしょ)に　啼鳥(ていちょう)を　聞(き)く
夜来(やらい)　風雨(ふうう)の　声(こえ)
花(はな)　落(お)つること　知(し)る　多少(たしょう)

・次の①～④は、右の漢詩の各行を口語に直したものです。それぞれの（　）にあてはまる言葉を、後の□から選んで書きましょう。

① 春の（　　）があまりにもここちよかったので、夜が明けるのにも気がつかなかった。

② あちらこちらから、（　　）のさえずる声が聞こえてくる。

③ 昨夜は、（　　）の音がだいぶはげしかったが、

④（　　）は、いったいどれくらい落ちただろうか。

鳥　花　月　風と雨　ねむり

2 次の文は、いずれも、中国の古典「論語」におさめられている文を訳したものです。これを読んで、後の問題に答えましょう。

一つ10点【60点】

ア 学びて時にこれを習ふ(う)、亦た説ばしからずや。

イ 故きを温ねて新しきを知る、もつ(っ)て師と為るべし。

ウ 過ぎたるは、猶ほ(お)及ばざるがごとし。

エ 己の欲せざる所は、人に施すこと勿かれ。

オ 過ちて改めざる、是を過ちと謂ふ(う)。

① 次の文は、それぞれア～オのどの文の口語訳ですか。記号を書きましょう。

㋐ やり過ぎるのは、足りないのと同じくらいよくないことだ。

㋑ 自分が人からされたくないと思うことを、他人に対してしてはならない。

㋒ 古いことを勉強してそこから新しいことを見つけていく、そういう人が人の師となれるだろう。

㋓ 人はだれでも過ちをおかすものだが、それを改めないのが、本当の過ちというものだ。

㋔ 学んだことを適当な時期におさらいするのは、理解が深まり、なんとうれしいことではないか。

② ア～オの言葉の中に、「温故知新」という四字熟語のもとになった言葉があります。それはどれですか。記号を書きましょう。

クイズ

年賀状で使われる言葉は、次のうち、どれとどれ？

①賀正 ②祝賀 ③参賀 ④賀春

答え▶84ページ

17 かくにんテスト③

名前

目標 15分

月　日

得点　　点

1 次の詩を読んで、後の問題に答えましょう。【50点】

友を呼ぶ

野口雨情

しづ(ず)かに明ける　初夏の
若き緑の　葉桜に
小鳥の声は　ひびき来ぬ
高くさへ(え)づ(ず)り　朗らかに
あちらこちらと　木の間より
野の鳥さへも　なつかしき

夜はほのぐ(ぼの)と　明けやすく
桜の蔭に　たづね来て
声いとしくも　友を呼ぶ
晴れ渡りゆく　朝空に
すがく(すが)しくも　今朝はまた
楽しきままに　さへづりぬ

① この詩の各行は、何音と何音の組み合わせでできていますか。漢数字で書きましょう。両方できて(10点)

□音と□音

② 次の歴史的かなづかいを、現代のかなづかいに直して書きましょう。一つ15点(30点)

・野の鳥さへも　→（　　）

・たづね来て　→（　　）

③「楽しきままに　さへづりぬ」は、どういう意味ですか。次から選んで、記号を書きましょう。(10点)

ア　楽しそうにさえずってはいない。
イ　楽しいかのようにさえずるだろう。
ウ　楽しい様子でさえずっていた。

□

2 上の文章は、「徒然草（つれづれぐさ）」の一部で、下はその口語訳（やく）です。両方を読んで、後の問題に答えましょう。【50点】

高名（こうみょう）の木登りといひ（い）し男（おのこ）、人をおきてて、高き木に登せて、こずゑを切らせしに、㋐いと危（あや）く見えしほどは、言ふ（う）こともなくて、降（お）るる時に、軒（のき）たけばかりになりて、「あやまちすな。心して降りよ。」と、言葉をかけはべりしを、㋑「かばかりになりては、飛び降るとも降りなん。㋒いかにかく言ふ（う）ぞ。」と申しはべりしかば、「そのことにさうらふ（そうろう）。目くるめき、枝（えだ）危きほどは、己（おのれ）が恐（おそ）れはべれば、申さず。あやまちは、㋓安き所になりて、必ずつかまつることにさうらふ（そうろう）。」と言ふ（う）。

（「徒然草」第百九段（だん））

有名な木登りとよばれていた男が、人を高い木に登らせて、木の枝を切らせたとき、とても危（あぶ）なく見えた間は何も言わず、その人が下りるとき、軒の高さぐらいまできたところで、「けがをするな。用心して下りろ。」と声をかけましたので、「これくらいになったら、飛び下りても下りられるだろう。どうしてそう言うのか。」とわたしが申しましたところ、「そのことなのです。高くて目がくらみ、枝が危ないうちは、自分の恐れがございますので、何も申しません。けがは、安全な所になって、必ずするものでございます。」と言う。

(1) ――線㋐～㋓の言葉の意味を、口語で書きましょう。 一つ8点（32点）

㋐（　　　　）

㋑（　　　　）

㋒（　　　　）

㋓（　　　　）

(2) この文章の要点を文章中の一文で表すとすればどうなりますか。上段（じょうだん）の古文から、一文をぬき出しましょう。（18点）

（　　　　）

答え ▶ 84ページ

18

文法

つながりを示す言葉

目標 10分

月　日

得点　　点

1 次の｛　｝の中の言葉のうち、文に合うのはどちらですか。記号を○で囲みましょう。　一つ6点【24点】

① 姉は、球技は得意な｛ア ので　イ のに｝、水泳は苦手だ。

② 四月になっ｛ア たら　イ ても｝、六年生になる。

③ 春になる｛ア と　イ が｝、庭は花ざかりになる。

④ 大声で母をよん｛ア だり　イ だが｝、返事はなかった。

前後がどのような関係でつながっているかを考えよう。

読む力

2 次の文の（　）にあてはまる接続語を、後の□から選んで、□に記号を書きましょう。（記号は一度しか使えません。）　一つ6点【24点】

① 兄はスポーツが得意だ。（　）、ギターも上手だ。

② 友達の家に行った。（　）、かれは留守だった。

③ わたしは読書が好きだ。（　）、図書委員になった。

④ ぼくは今日気分がよい。（　）、百点を取ったからだ。

ア だから　イ なぜなら　ウ しかし　エ そのうえ

3 次の文の（　）にあてはまる、前後のつながりを示す言葉を、後の□から選んで書きましょう。

一つ7点【28点】

① 近道をすれ（　　）、学校まで五分で行ける。

② 説明書をよく読んだ（　　）、解決法はわからなかった。

③ 大雨がふった（　　）、遠足は中止になった。

④ 何度計算し（　　）、合計金額が合わない。

ので　が　ば　て　ても

書く力 4 例にならって、次の文を接続語を使って二つの文に分けましょう。

一つ8点【24点】

例 必死で走ったが、バスに間に合わなかった。

↓

〔必死で走った。けれども、バスに間に合わなかった。〕

① おなかがすいたので、ラーメンを作った。

〔　　〕

② 秋になったのに、まだまだ暑い日が多い。

〔　　〕

③ 空を見上げると、わたり鳥が飛んでいた。

〔　　〕

クイズ

前の文の内容に反することを述べるときに使う接続語は、どれかな？

① 次に　② または　③ けれども　④ なお

答え ▶ 84ページ

19

文法

意味をそえる言葉

目標 10分

月　日

得点　点

読む力

1 次の文の——線の言葉は、どのような意味をそえていますか。それぞれア・イから選んで、記号を書きましょう。 一つ6点【18点】

① 来年こそ、コンクールで入賞するぞ。
ア 入賞できればいいなあ。
イ 絶対に入賞してみせる。

② わたしの意見に、五人も賛成してくれた。
ア 思ったより多い人数だ。
イ 思ったより少ない人数だ。

③ プレゼントは、オルゴールでもいい。
ア いちばんほしいのはオルゴールだ。
イ オルゴールで満足できるが、別の物でもよい。

2 次の文の——線の言い方は、どのような意味を表していますか。後の□から選んで、記号を書きましょう。 一つ6点【18点】

① 家の外で、うぐいすが鳴いている。
② 自転車のかぎをなくしてしまった。
③ 万一の場合に備えて、非常食を買っておく。

ア 前もってそのことをする。
イ その状態が進行中である。
ウ 取り返しのつかない状態である。

3 次の文が、〔　〕内の意味をふくむ文になるように、あてはまる言葉を後の□から選んで、（　）に書きましょう。

一つ8点【16点】

① 母の作ったゆかたを着て（　　　　）。
〔ためしに着る。〕

② 外国へ行く機会は増えて（　　　　）。
〔これからも増え続ける。〕

みる　いく

書く力

4 次の文を、〔　〕の意味を表すようにするには、——線の部分をどのように変えればよいですか。後の□から選んで書きましょう。（言葉は一度しか使えません。）

一つ12点【48点】

① 妹は、おかずを食べた。
〔ほかのものは食べていない。〕
↓（　　　　）

② 周りの評判は気にしない。
〔評判は重要ではない。〕
↓（　　　　）

③ いそがしくて、メールができない。
〔メールを例に、いそがしさを強調する。〕
↓（　　　　）

④ 作文を読んだなら、感想を言ってほしい。
〔感想を言うのは最低限のことだ。〕
↓（　　　　）

さえ　なんて
くらい　だけ

「〜なんて」は、「〜」をあまり大事なことと は思っていない、という意味をそえるよ。

クイズ

「積んである石」の——線と同じ意味のものはどれ？

① ある日のできごと。　② 折ってある紙。　③ 教室にあるいす。

答え ▶ 84ページ

組になって使われる言葉

目標 10分

月　日

得点（とくてん）　点

読む力

1 次の──線の言葉と組になるように、（　）にあてはまる言葉を後の□から選んで、□に記号を書きましょう。

一つ6点【24点】

① もしぼくがちこくし（　）、先に行ってください。

② かれは、決して約束を破（やぶ）ら（　）。

③ ぜひ、あなたの考えを聞かせて（　）。

④ たぶん、明日は晴れる（　）。

ア ください　イ ない　ウ だろう　エ たら

□　□　□　□

2 例にならって、──線の言葉と組になって使われている言葉の右側に、〰〰線を引きましょう。

一つ6点【24点】

例 どうぞ、おかけください。

① たとえ何度失敗しても、わたしはあきらめない。

② かの女は、まるでモデルのようだ。

③ つまらないものですが、どうかお受け取りください。

④ 夏休みの宿題は、少しも進んでいない。

3 次の文の（　）にあてはまる言葉を、□から選んで書きましょう。　一つ4点【20点】

① （　　　）うそをついてはいけません。

② 黒板をふいてくれたのは、（　　　）林さんでしょう。

③ （　　　）外国に住むなら、どの国に住みたいですか。

④ （　　　）めし上がってください。

⑤ （　　　）足をけがしたのですか。

どうぞ　たぶん　まるで　なぜ
もしも　どうも　決して

読む力

4 次の文の――線の言葉と組になるように、□にあてはまる言葉を字数に合わせて書きましょう。　一つ8点【32点】

① コンクールに入選するなんて、<u>まるで</u>夢の□□□。

② コーラス大会に、<u>ぜひ</u>ご参加□□□□□。

③ この雲の様子だと、<u>おそらく</u>明日は雨になる□□□。

④ <u>まさか</u>、かれが事故を起こすことはある□□。

クイズ

――線の「と」を「留」と書くのはどれ？

① 気に<u>と</u>める。　② 車を<u>と</u>める。　③ ガスを<u>と</u>める。

答え ▶ 85ページ

21

文法

文の組み立て①

目標 10分

月　日

得点(とくてん)　　点

1 次の文から、主語と述語(じゅつご)をぬき出しましょう。 一つ4点【24点】

① 父と母は、いつもいっしょに散歩する。

・主語…（　　）　・述語…（　　）

② つくえの上に置いてあった消しゴムがありません。

・主語…（　　）　・述語…（　　）

③ 向こうで、きみの犬が長いかみの女の子と遊んでいたよ。

・主語…（　　）　・述語…（　　）

読む力

2 次の文の――線の言葉が修飾(しゅうしょく)している言葉を、ぬき出しましょう。 一つ7点【28点】

① ぼくは昨日、新しいくつを買った。（　　）

② 先週とはちがう人が応対(おうたい)してくれた。（　　）

③ 韓国(かんこく)や中国でもかれらは有名だ。（　　）

④ 夜空にかがやくたくさんの星をながめる。（　　）

修飾している言葉と修飾されている言葉だけをつないでみて、意味が通るかを確(たし)かめよう。

3 次の文の――線の言葉を修飾（しゅうしょく）している言葉を、文中からすべてぬき出しましょう。

全部できて一つ8点【16点】

① 綿（わた）あめのような白い雲がうかんでいる。

（　　　　　　　　）

② 祖母（そぼ）は、台所で歌いながらチャーハンを作っていた。

（　　　　　　　　）

修飾語は一語の言葉とは限（かぎ）らず、いくつかの言葉がまとまって、ほかの語を修飾することもあるよ。

読む力

4 次の文は、二通りの意味にとることができます。㋐・㋑それぞれの意味をはっきり表すように、文に読点（とうてん）（、）を一つ打ちましょう。

一つ8点【32点】

① 母はうれしそうに歌う子どもを見つめる。

㋐ 母が、「うれしそうに見つめる」の意味

〔母はうれしそうに歌う子どもを見つめる。〕

㋑ 子どもが、「うれしそうに歌う」の意味

〔母はうれしそうに歌う子どもを見つめる。〕

② ぼくは友達と家族へのおみやげを買った。

㋐ 「おみやげを友達・家族の両方に買った」の意味

〔ぼくは友達と家族へのおみやげを買った。〕

㋑ 「おみやげは家族にだけ買った」の意味

〔ぼくは友達と家族へのおみやげを買った。〕

クイズ

ことわざの「□に小判（こばん）」の□に入る動物はどれ？

① ぶた　② 犬　③ ねこ

答え ▶ 85ページ

22 文法

文の組み立て②

目標 10分

月　日

得点（とくてん）　点

1 次の文は、どんな種類の文ですか。後の□から選んで、記号を書きましょう。 一つ6点【18点】

① 風がふき、雨もふりだした。

② 雨がふりだしたので、ねこが家に入った。

③ ねこが、家の中で昼ねをする。

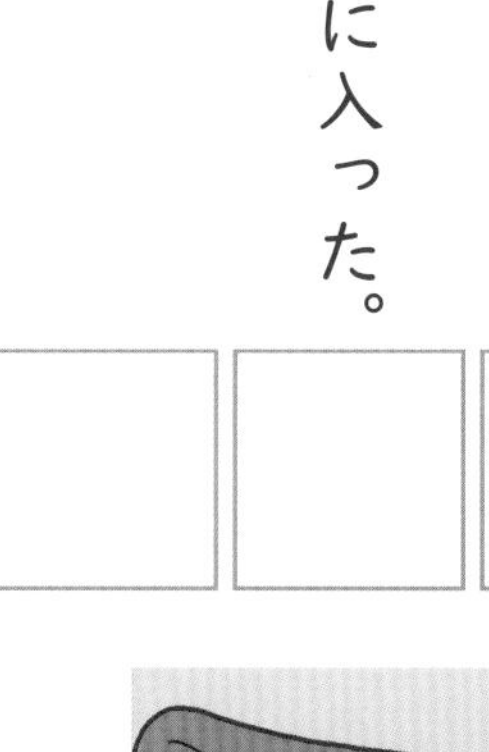

ア 「主語―述語（じゅつご）」の組み合わせが一組だけの文。
イ 「主語―述語」の組み合わせが二組以上あり、それらが対等にならんでいる文。
ウ 「主語―述語」の組み合わせに、別の「主語―述語」の組み合わせが付け加わった文。

アを「単文」、イを「重文」、ウを「複文（ふくぶん）」というよ。

読む力

2 例 にならって、「主語―述語」を二組ずつぬき出しましょう。 一つ9点【36点】

例 雨がやみ、日が差す。（雨が―やみ）・（日が―差す）

① 花が辺り一面にさき、鳥が美しい声でさえずる。

（　　　）・（　　　）

② 姉が昨日作ってくれたクッキーはおいしかった。

（　　　）・（　　　）

3 次の（　）にあてはまる言葉を書き、二つの文をつないだ重文を作りましょう。

一つ8点【16点】

① ちょうがまう。／花々がさきほこる。

↓ ちょうが（　　　）、花々がさきほこる。

② ぼくはサッカーが得意(とくい)だ。／妹はピアノが得意だ。

↓ ぼくはサッカーが得意（　　　）、妹はピアノが得意だ。

書く力 4 次の㋐の文に㋑の文を付け加えて、複文(ふくぶん)を作りましょう。

一つ10点【30点】

例 ㋐ 母がせんたく物を取り入れた。 ㋑ 雨がふりだした。

↓（雨がふりだしたので、母がせんたく物を取り入れた。）

㋐ 本はおもしろかった。 ㋑ 上田(うえだ)さんが本を貸(か)してくれた。

↓（上田さんが貸してくれた本は、おもしろかった。）

① ㋐ ぼくはぼうしをかぶって外へ出た。
㋑ 日差しが強かった。

② ㋐ 父はコートを着ずに外出した。
㋑ 冷たい風がふいていた。

③ ㋐ 子ねこの絵がげん関にかざってある。
㋑ 祖父(そふ)が子ねこの絵をかいた。

クイズ

「自分のうで前を人前で示(しめ)す、晴れの場所」は「〇〇〇ぶたい」？

① さくら　② ひのき　③ かえで

答え ▶ 85ページ

23 かくにんテスト④

名前

目標 15分

月　日

得点　　点

書く力

1 次の文章を読んで、後の問題に答えましょう。【17点】

昨日は母のたん生日だった。だから、プレゼントに花屋さんで花束を買った。ガーベラの花束だ。それは母の好きな花だったので、母はとても喜(よろこ)んだ。わたしもうれしかった。母は、さっそくその花を花びんに生けて、テーブルにかざった。

① ——線の二つの文を、一つの文に書きかえましょう。(10点)

② 〰〰線の文は、単文・重文・複文(ふくぶん)のうち、どれですか。(7点)

(　　　)

読む力

2 次の文の——線の言葉は、どのような意味をそえていますか。それぞれア・イから選んで、記号を書きましょう。一つ6点【18点】

① 田中さんも手伝ってくれた。

ア ほかには手伝ってくれた人がいなかった。

イ ほかにも手伝ってくれた人がいた。

② テストの日まで、あと二日しかない。

ア 思ったより時間がない。

イ 思ったより時間がある。

③ 長編(ちょうへん)小説を一晩(ひとばん)で読んでしまう。

ア そのことが進行中である。

イ そのことをすっかり終える。

読む力

3 次の文の――線の言葉と組になるように、□にあてはまる言葉を字数に合わせて書きましょう。

一つ7点【35点】

① まどの外の景色が、□□□絵のようだ。

② 山本(やまもと)さんは、決して人のことを悪く言わ□□。

③ □□□どんなに寒くても、明日はプールに入るぞ。

④ もしも雨がふり続い□□、遠足は中止になってしまう。

⑤ まさか、あのまさる君が休むなんてことは□□□□□。

4 次の文の――線の言葉を修飾(しゅうしょく)している言葉を、文中からすべてぬき出しましょう。

全部できて一つ10点【30点】

① 山では、たくさんの鳥が、おしゃべりしているように鳴いていた。

(　　　)

② 一組と二組によるみごとな合唱は、とても印象的(いんしょうてき)だった。

(　　　)

③ どんなにつかれていても、かれは練習を欠かさないだろう。

(　　　)

答え ▶ 85ページ

24

漢字の知識

漢字の成り立ち①

目標 10分

月　日

得点　点

1 次の漢字は、目に見える物の形を、具体的にえがいたものがもとになってできた象形文字です。そのもとになった形を下から選んで、——線で結びましょう。

一つ6点【36点】

① 耳・　　・ア
② 山・　　・イ
③ 月・　　・ウ
④ 手・　　・エ
⑤ 子・　　・オ
⑥ 雨・　　・カ

2 次の各組の漢字の中から、ほかの三つとは成り立ちがちがうものを一つずつ選んで、記号を書きましょう。

一つ7点【14点】

① ア 木　イ 三　ウ 石　エ 魚
② ア 目　イ 門　ウ 八　エ 人

3 次の文は、具体的にはえがきにくい事がらを、印や記号を使って表した指事文字の由来を述べたものです。それぞれどの漢字の由来を述べたものか、後の□から選んで書きましょう。 一つ5点【20点】

① 基準になる線の下に印を付けたもの。

② 木の上のほうに印を付けて、幹の先を表したもの。

③ 木の下の部分に印を付けて、太い根もとを表したもの。

④ 基準になる線の上に印を付けたもの。

上　中　下　本　末　二

4 次の成り立ちでできた漢字を、後の□からそれぞれ三つずつ選んで書きましょう。 一つ5点【30点】

① 目に見えるものの形を、具体的にえがいたものからできた漢字。（象形文字）

② 具体的にはえがきにくい事がらを、印や記号で表した漢字。（指事文字）

田　七　天　火　川　一

クイズ

「質・賛」など、「貝」のつく漢字に関係があるものは？

① 水　② 食べ物　③ お金

答え ▶ 85ページ

25

漢字の知識

漢字の成り立ち②

目標 10分

月　日

得点

点

1 次の二つの漢字の意味を組み合わせてできた漢字を、書きましょう。 一つ3点【15点】

① 鳥＋口（鳥が口から音を出す。）

② 木＋木（木がたくさん生えている所。）

③ 人＋言（人とその人の言ったことが食いちがわない。）

④ 田＋力（田んぼで力を出して働く者。）

⑤ 力＋口（力をこめて口でものを言う。）

2 次の漢字は、二つの漢字の意味を組み合わせてできた会意文字です。それぞれ元になっている二つの漢字を書きましょう。 両方できて一つ3点【15点】

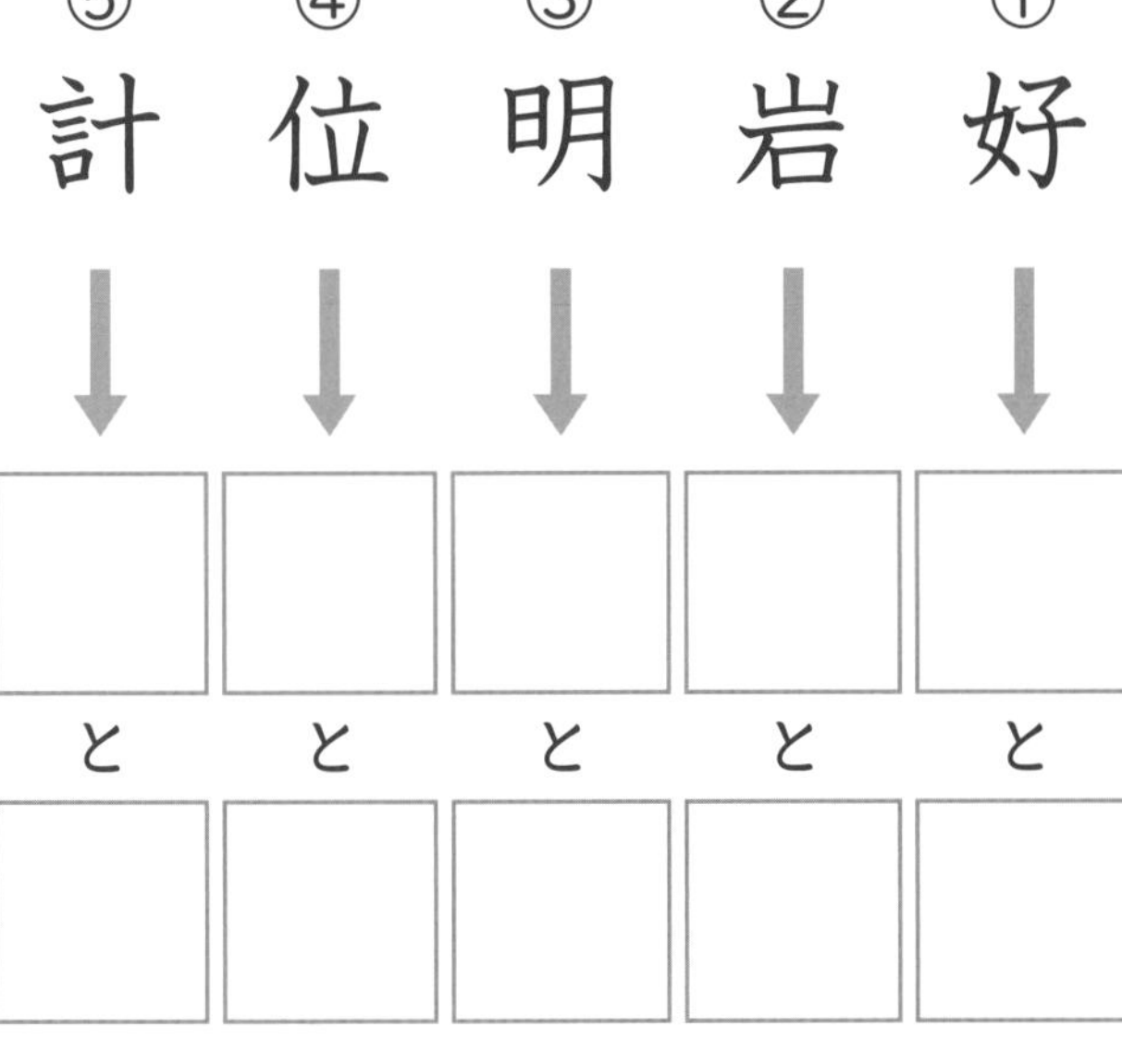

① 好 → □と□

② 岩 → □と□

③ 明 → □と□

④ 位 → □と□

⑤ 計 → □と□

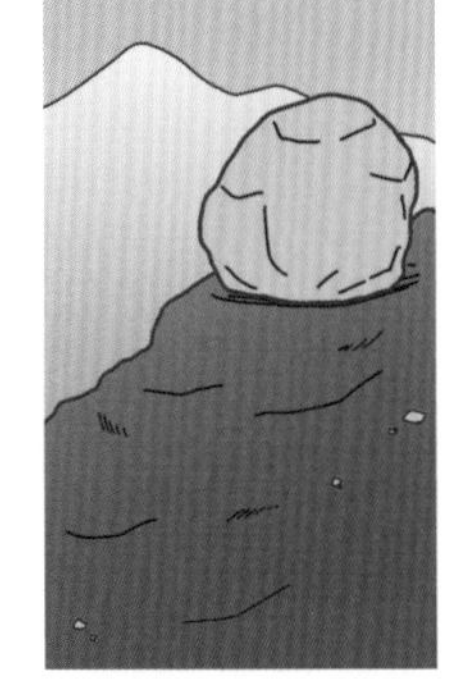

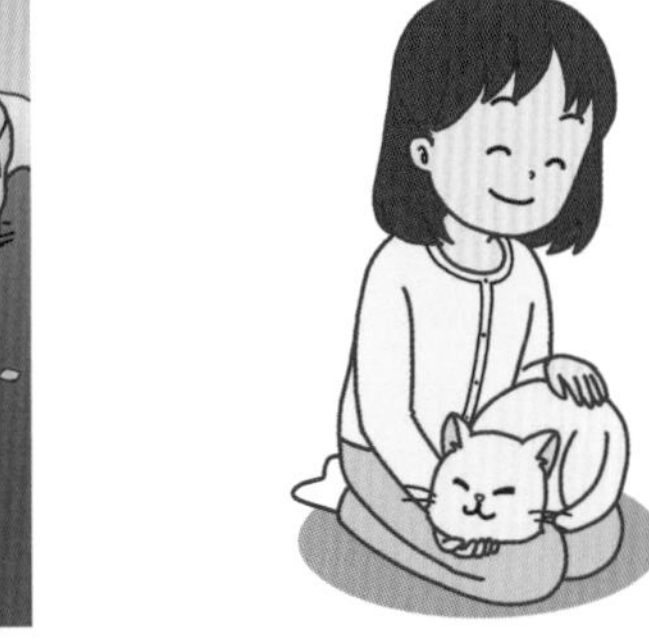

3 次の漢字は、音を表す部分と意味を表す部分を組み合わせてできた形声文字です。例にならって、音を表す部分を（　）に、意味を表す部分を□に書きましょう。 一つ3点【18点】

例 油…（由）・氵
「ユ」という音を表す。
「水」という意味を表す。

① 板…（　）・□
② 花…（　）・□
③ 固…（　）・□

4 次のAは漢字の意味を表す部分、Bは漢字の音を表す部分です。それぞれの部分を一つずつ組み合わせて、漢字を五つ作りましょう。 一つ4点【20点】

A　氵　言　竹　辶　穴
B　官　九　束　羊　果

□・□・□・□・□

5 次の漢字の意味を表す部分を（　）に書き、それが表す意味を□から選んで、□に記号を書きましょう。 一つ4点【32点】

① 清…（　）・□
② 貨…（　）・□
③ 球…（　）・□
④ 照…（　）・□

ア 海　イ 火　ウ 月　エ 水　オ 金　カ 玉

クイズ
「解」の部首は、次のどれ？
① 刀　② 牛　③ 角

答え ▶ 86ページ

26

漢字の知識（ちしき）

いろいろな音（おん）・訓をもつ漢字

目標 10分

月　日

得点（とくてん）　点

1 次の熟語（じゅくご）の――線の漢字と同じ読み方をするものを、それぞれから選んで、記号を書きましょう。　一つ5点【15点】

① 大漁
ア 漁師（し）　イ 漁船　ウ 漁港

② 易者
ア 容易（よう）　イ 平易　ウ 貿易（ぼう）

③ 無事
ア 無理　イ 無料　ウ 無礼

2 同じ漢字の読み方のちがいに気をつけて、次の文の――線の熟語の読み方を書きましょう。　一つ5点【30点】

① 姉は、今フランスに㋐留学していて、㋑留守だ。
㋐（　　　）　㋑（　　　）

② その㋐武士は、強敵（きょうてき）を前にして、思わず㋑武者ぶるいした。
㋐（　　　）　㋑（　　　）

③ その㋐判定は、ちまたの㋑評判とはちがったものであった。
㋐（　　　）　㋑（　　　）

3 次の――線の漢字の読み方を書きましょう。

一つ5点【35点】

①
㋐ 川の水かさが増している。（　）
㋑ 公園に集まる人の数が、どんどん増える。（　）

②
㋐ 国を安らかに治める。（　）
㋑ 薬を飲んだら、かぜがすぐに治った。（　）

③
㋐ 冷たいアイスクリームを食べる。（　）
㋑ クーラーが効(き)き過(す)ぎて、体が冷える。（　）
㋒ 熱いお茶を少し冷ましてから飲む。（　）

4 例にならって、矢印の方向に読むとそれぞれ四つの二字熟語(じゅくご)になるように、□にあてはまる漢字を書き入れましょう。

一つ10点【20点】

例
本→人→口
名→人→形

上の例では、「本人」「人口」「名人」「人形」の四つの熟語ができるよ。

①
不→□→利
郵(ゆう)→□→乗

②
余(よ)→□→行
再(さい)→□→味

クイズ

読み方が、二通りある言葉はどれ？

① 熱帯　② 国境　③ 飼育

答え ▶ 86ページ

27 漢字の知識（ちしき）

まちがえやすい送りがな

目標 10分

月　日

得点（とくてん）　点

1 次のア～ウから送りがなが正しいものを選んで、□に記号を書きましょう。 一つ3点【18点】

① ア 営む　イ 営なむ　ウ 営となむ

② ア 散す　イ 散かす　ウ 散らかす

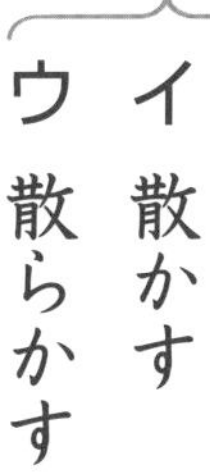

③ ア 整る　イ 整える　ウ 整のえる

④ ア 改る　イ 改める　ウ 改ためる

⑤ ア 確る　イ 確める　ウ 確かめる

⑥ ア 浴る　イ 浴せる　ウ 浴びせる

2 次の――線の言葉を漢字で書くときの、送りがなを書きましょう。 一つ4点【20点】

① ㋐ 目がさめる。　覚（　　）

㋑ 漢字をおぼえる。　覚（　　）

② 後（こう）はいに仕事をまかせる。　任（　　）

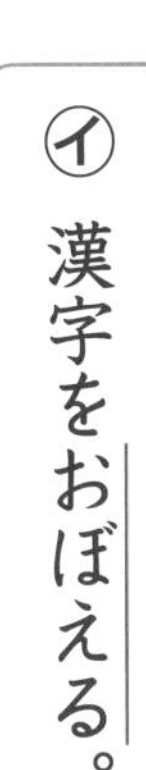

③ 親が子どもをやしなう。　養（　　）

④ 庭にたぬきがあらわれる。　現（　　）

3 次の文で、送りがながまちがっている言葉の右側に——線を引き、（　）に正しく書き直しましょう。

一つ5点【20点】

① 魚の群れを見つけて、漁船が群らがる。（　）
② パーティーに招（まね）かれたが、直ちに断わる。（　）
③ 喜びや悲しみをノートに書き留る。（　）
④ 案内役を快よく引き受け、みんなを導（みちび）く。（　）

4 次の——線の言葉を、漢字と送りがなで書きましょう。

一つ6点【42点】

① いろいろなやり方をこころみる。（　）
② 将来（しょうらい）は、宇宙飛行士（うちゅうひこうし）をこころざす。（　）
③ 約束はかならず守るとちかった。（　）
④ 習ったことを復習（ふくしゅう）して、テストにそなえる。（　）
⑤ 広い畑を機械でたがやす。（　）
⑥ 中断（ちゅうだん）されていた試合がふたたび始まった。（　）
⑦ 先生が多くの子どもをひきいる。（　）

クイズ

送りがなが正しくないのはどれ？
① 失なう　② 冷える　③ 増える

答え ▶ 86ページ

28 かくにんテスト⑤

名前

目標 15分

月　日

得点　　点

1 次の文章を読んで、後の問題に答えましょう。　一つ4点【20点】

兄の大学の研究室で、橋の構造についての講演が行われた。兄は、講演にそなえて手伝いを快く引き受けてくれた友人の友情に感謝している。後日、講演の反省会の内容を一部省略して伝える予定になっているそうだ。

① ――線の漢字（構・講）に共通する、「音を表す部分」を書きましょう。（　　）

② ～～線の言葉（そなえて）を、漢字と送りがなで書きましょう。（　　）

③ ――線の漢字（快・情）に共通する、「意味を表す部分」を書きましょう。（　　）

④ ＝＝線の熟語（反省・省略）の読み方を書きましょう。（　　）（　　）

2 ①～④に当たる漢字を、下の□からそれぞれ□の数だけ選んで書きましょう。　一つ3点【30点】

① 象形文字

② 指事文字

③ 会意文字

④ 形声文字

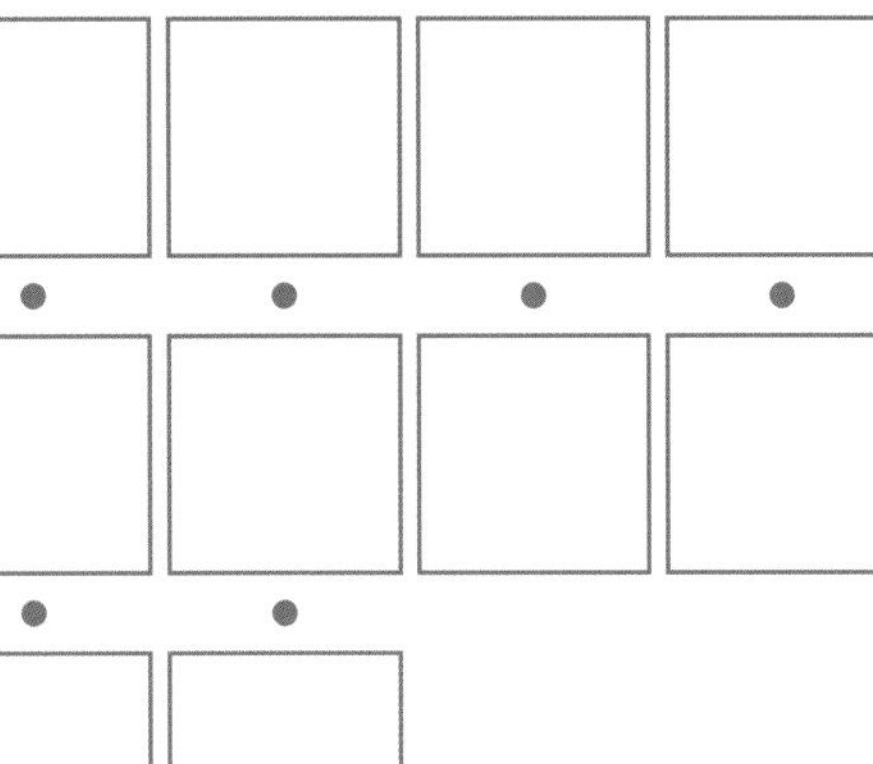

清　末　鳥　明

粉　動　馬　休

持　下

3 同じ漢字の読み方のちがいに気をつけて、次の文の——線の熟語（じゅくご）の読み方を書きましょう。　一つ5点【30点】

① ㋐天然の魚は、㋑当然のことながらうまい。

㋐（　　）　㋑（　　）

② 馬が㋐競走することを、㋑競馬という。

㋐（　　）　㋑（　　）

③ ㋐雑木林では、さまざまな生物が㋑複雑な生態系（せいたいけい）をつくっている。

㋐（　　）　㋑（　　）

4 次の——線の言葉を、漢字と送りがなで書きましょう。　一つ4点【20点】

① 子どもが親にさからう。

② 東の空に月があらわれる。

③ 友達の作業を、こころよく手伝う。

④ 商店街で小さなパン屋をいとなむ。

⑤ 答えが合っているかどうかたしかめる。

（　　）（　　）（　　）（　　）（　　）

答え ▶ 86ページ

29

漢字の知識(ちしき)

同じ訓読みの漢字

目標 10分

月　日

得点(とくてん)　　点

1 上の言葉と下の言葉を──線で結んで、正しい文にしましょう。 一つ4点【32点】

①
- ㋐ 厚(あつ)い・　・ア 夏の日。
- ㋑ 熱い・　・イ 本を読む。
- ㋒ 暑い・　・ウ お茶を飲む。

②
- ㋐ 時間を・　・ア 量る。
- ㋑ 目方を・　・イ 測(はか)る。
- ㋒ 血圧(けつあつ)を・　・ウ 計る。

③
- ㋐ 黄色のかさを・　・ア 差す。
- ㋑ 北の方角を・　・イ 指す。

読み方が同じでも使い方がちがうから、注意しよう。

2 次のように読む二つの漢字を、それぞれの文に合うように、□に書きましょう。 一つ4点【16点】

① め
- ㋐ 相手と□が合う。
- ㋑ トマトの□が出る。

② かわ
- ㋐ 大陸を流れる広大な□。
- ㋑ 妹と近所の□で遊ぶ。

3 次の――線の言葉を、漢字と送りがなで書きましょう。

一つ5点【40点】

① ㋐ 黒板の漢字をノートにうつす。
㋑ 計画を、実行にうつす。

② ㋐ 大会の決勝でやぶれる。
㋑ 紙ぶくろの底がやぶれる。

③ ㋐ 料理をつくる。
㋑ 庭園をつくる。

④ ㋐ 読書の大切さをとく。
㋑ 算数の問題をとく。

4 次の文で、まちがって使われている漢字の右側に――線を引いて、正しい漢字を□に書きましょう。

両方できて一つ4点【12点】

① 司会を努めるため、少し早く会場に入る。

② 青と黄の絵の具を交ぜて、葉の色に近づける。

③ ドアの前で立ち止まって、シャツのボタンを止める。

クイズ

「喜(よろこ)びを顔にあらわす」の「あらわす」は、どっち？

① 現す　② 表す

答え ▶ 86ページ

30

漢字の知識

同じ音読みの漢字

目標 10分

月　日

得点　　点

1 次の音読みをする漢字を正しく使っているほうを選んで、○をつけましょう。

一つ2点【16点】

① セキ
- ㋐ ア 責任　イ 績任
- ㋑ ア 成積　イ 成績

② カイ
- ㋐ ア 会答　イ 解答
- ㋑ ア 快活　イ 回活

③ カク
- ㋐ ア 性各　イ 性格
- ㋑ ア 不覚　イ 不確

④ サイ
- ㋐ ア 国際　イ 国祭
- ㋑ ア 菜決　イ 採決

2 次の音読みをする漢字を、それぞれの熟語に合うように、□から選んで書きましょう。

一つ2点【16点】

① イ……㋐ □下　㋑ □置　㋒ □動

位　医　移　以

② キョウ……㋐ 国□　㋑ □台　㋒ □争

協　鏡　境　競

③ ケイ……㋐ □過　㋑ 風□

景　軽　経

3 次の音読みをする漢字を、それぞれの熟語に合うように書きましょう。

一つ3点【24点】

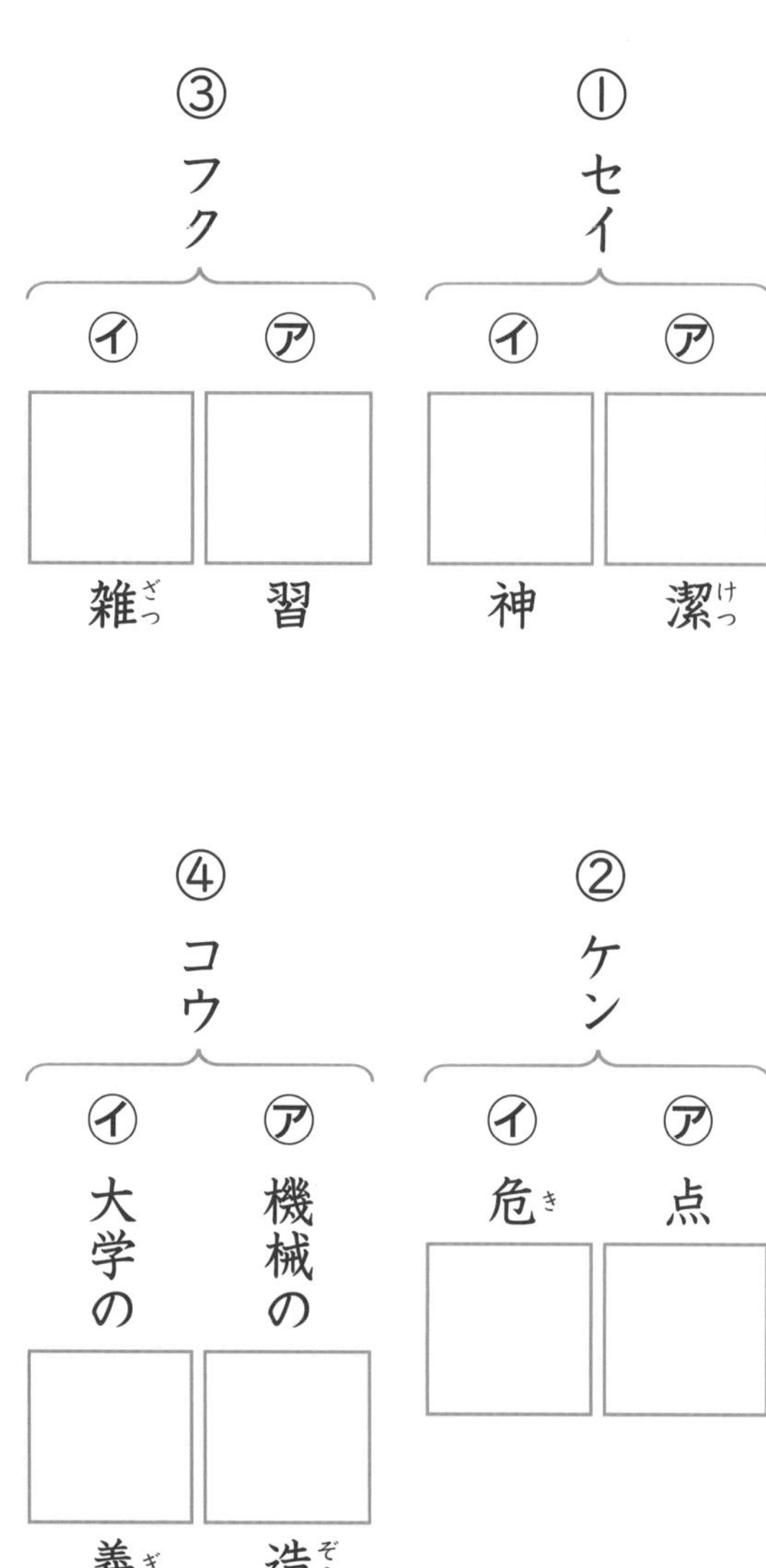

① セイ　㋐ □潔　㋑ □神

② ケン　㋐ 点□　㋑ 危□

③ フク　㋐ □習　㋑ □雑

④ コウ　㋐ 機械の□造。　㋑ 大学の□義。

二つの漢字の共通する部分が、共通する音を表しているよ。

4 次の音読みをする漢字を、熟語に合うように書きましょう。

一つ4点【36点】

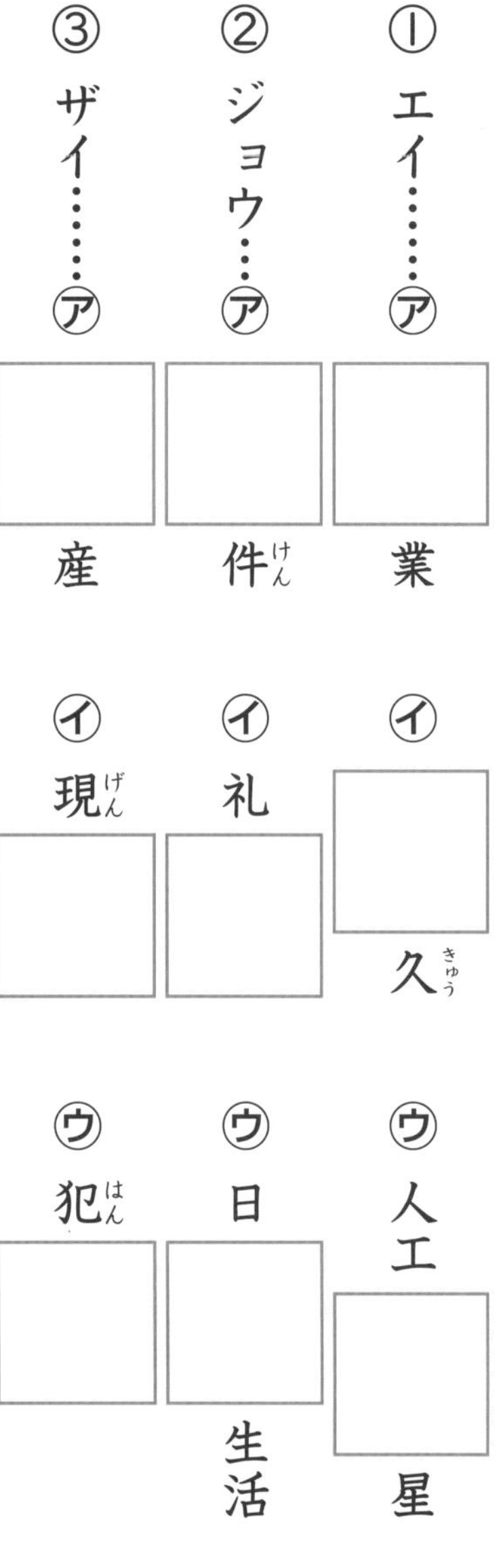

① エイ……㋐ □業　㋑ □久　㋒ 人工□星

② ジョウ…㋐ □件　㋑ 礼□　㋒ 日□生活

③ ザイ……㋐ □産　㋑ 現□　㋒ 犯□

5 次の文で、まちがって使われている漢字の右側に――線を引いて、正しい漢字を□に書きましょう。

両方できて一つ4点【8点】

① 性別によって権利が製限されることは不適切だ。

② 鉱石から金属を取り出す新技術の功果を確かめる。

□　□

クイズ

次のうち一つだけ音がちがう漢字はどれ？

① 持　② 時　③ 特

答え ▶ 87ページ

31 漢字の知識(ちしき)

同じ読み方の言葉

目標 10分

月　日

得点(とくてん)　点

1 次の文の――線のかたかなを漢字に直したものを、それぞれ□から選んで、記号を書きましょう。　一つ6点【18点】

① 早ね早起きのシュウカンをつける。
ア 習慣　イ 週間　ウ 週刊

② 今年はキコウが不順で、雨がよくふる。
ア 帰港　イ 紀行　ウ 気候

③ 文章のまちがいをシュウセイする。
ア 終生　イ 修正　ウ 習性

2 次の熟語(じゅくご)は、ア・イのどちらの□にあてはまりますか。あてはまるほうの文の記号を書きましょう。　一つ4点【16点】

① 関心
ア ボランティア活動に□がある。
イ 委員会の活動内容(ないよう)に□する。

② 解答(かいとう)
ア アンケートに□する。
イ テストの□用紙が配られる。

③ 医師(いし)
ア □のアドバイスを受ける。
イ 父は強い□の持ち主だ。

④ 性格(せいかく)
ア 今の□な時間を知りたい。
イ 姉はとてもおだやかな□だ。

3 次のように読む熟語を、文に合うように漢字で書きましょう。 一つ6点【42点】

① ショウメイ
　㋐ 無実を［　　］する。
　㋑ 部屋の［　　］を消す。

② ジタイ
　㋐ 計画［　　］に問題がある。
　㋑ ［　　］の成り行きを見守る。

③ キセイ
　㋐ ふるさとに［　　］する。
　㋑ 車の通行を［　　］する。
　㋒ 大木に［　　］するつる植物。

4 次の文で、まちがって使われている熟語の右側に——線を引いて、正しい熟語を下に書きましょう。 両方できて一つ6点【24点】

① 友人と五年ぶりに再開する。（　　）

② 生命誕生のなぞを追求する。（　　）

③ 人工衛生の打ち上げに成功する。（　　）

④ 校長先生の意見を、児童全員が指示した。（　　）

クイズ

「絶□絶命」の□に入る漢字はどれ？

① 対　② 大　③ 体

答え ▶ 87ページ

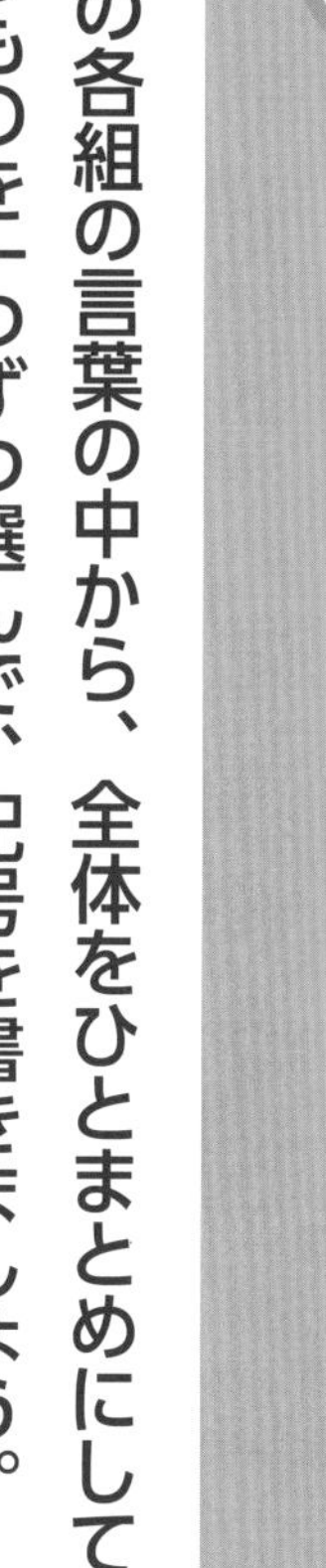

32

漢字の知識

特別な読み方の言葉

目標 10分

月　日

得点　　点

1 次の各組の言葉の中から、全体をひとまとめにして特別な読み方をするものを一つずつ選んで、記号を書きましょう。

一つ3点【12点】

① ［ア 時間　イ 時計　ウ 当時　エ 時代］
② ［ア 小川　イ 川上　ウ 谷川　エ 川原］
③ ［ア 部屋　イ 部室　ウ 部分　エ 内部］
④ ［ア 去年　イ 年末　ウ 今年　エ 年月］

2 次の読み方をする言葉を、後の□から選んで、記号を書きましょう。

一つ4点【32点】

① たなばた
② けさ
③ やおや
④ かわら
⑤ くだもの
⑥ はかせ
⑦ ふつか
⑧ はつか

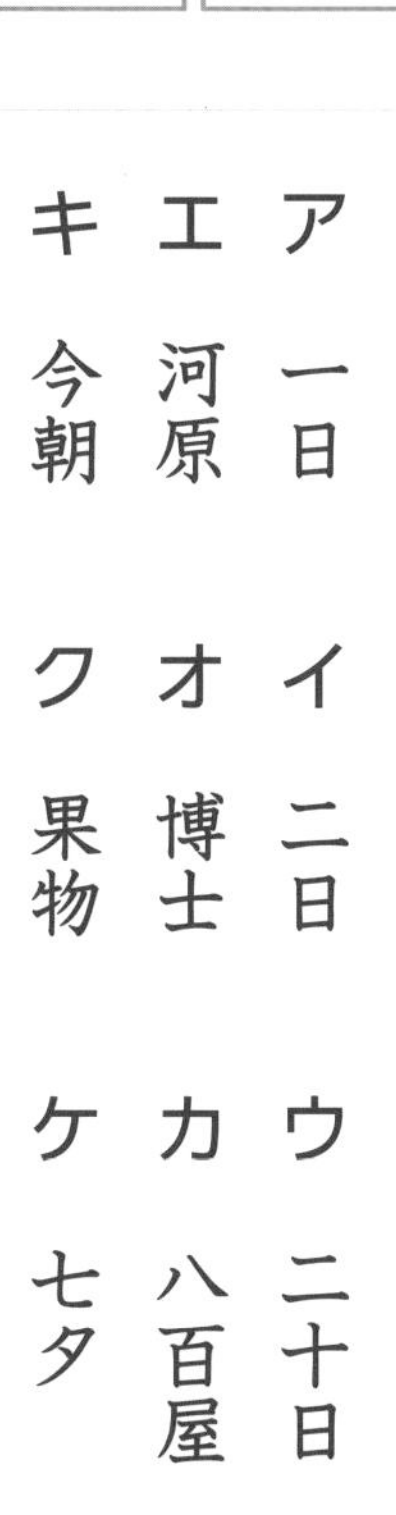
ア 一日　イ 二日　ウ 二十日
エ 河原　オ 博士　カ 八百屋
キ 今朝　ク 果物　ケ 七夕

3 次の言葉には〔　〕の読み方がありますが、別の特別な読み方もあります。その読み方を書きましょう。

一つ5点【20点】

① 昨日〔さくじつ〕（　　）

② 今日〔こんにち〕（　　）

③ 明日〔みょうにち〕（　　）

④ 一日〔いちにち・いちじつ〕（　　）

4 次の文の――線の言葉は、特別な読み方をする言葉です。その読み方を書きましょう。

一つ6点【36点】

① 友達とゲームをして遊ぶ。（　　）

② 引っこしの準備(じゅんび)を手伝う。（　　）

③ 遊園地で迷子になる。（　　）

④ 眼鏡を家にわすれる。（　　）

⑤ 景色のよい場所で写真をとる。（　　）

⑥ 清水をくんで、水とうに入れる。（　　）

クイズ

「真面目」と書いて、何と読む？

① まがお　② まじめ　③ まなつ

答え ▶ 87ページ

33

漢字の知識

熟語の構成①

目標 10分

月　日

得点　　点

1 次の熟語の組み立てを、後の[　]から選んで、記号を書きましょう。 一つ4点【24点】

① 市営　[　]
② 高山　[　]
③ 新築　[　]
④ 公立　[　]
⑤ 上下　[　]
⑥ 希望　[　]

ア 「海水」＝「海の水」のように、上の漢字が、下の漢字を修飾しているもの。
イ 「国立」＝「国が立てた(もの)」のように、上の漢字が、下の漢字の主語であるもの。
ウ 意味が似ている漢字を組み合わせたもの。
エ 意味が対になる漢字を組み合わせたもの。

2 次のAとBの漢字を一字ずつ組み合わせて、二字の熟語を六つ作りましょう。 一つ4点【24点】

A　永　多　勝　断　豊　損

B　絶　富　得　久　少　敗

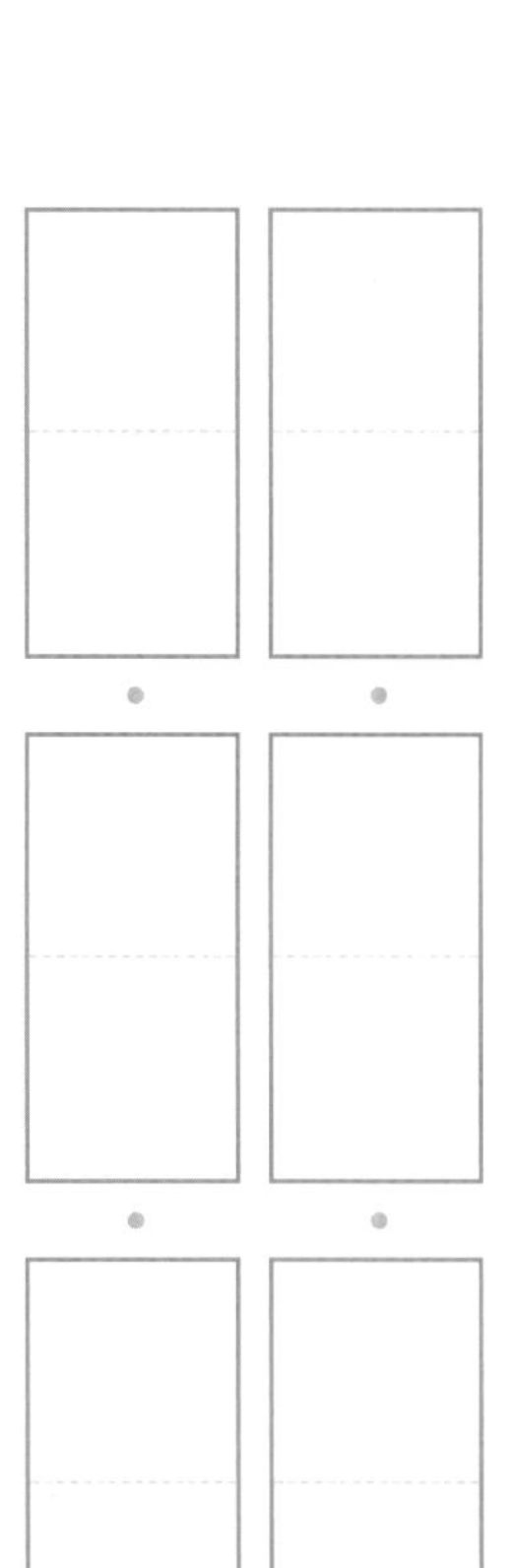

3 次の漢字と意味が似ている漢字を□に書き入れて、二字の熟語を完成させましょう。

一つ4点【24点】

① 進□

② 道□

③ □石

④ □福

⑤ 増□

⑥ □築

4 例にならって、次の熟語の、その組み立てに着目した意味を書きましょう。

一つ7点【28点】

例 ・強風 → （強い風。）・市立 → （市が立てた〈もの〉。）

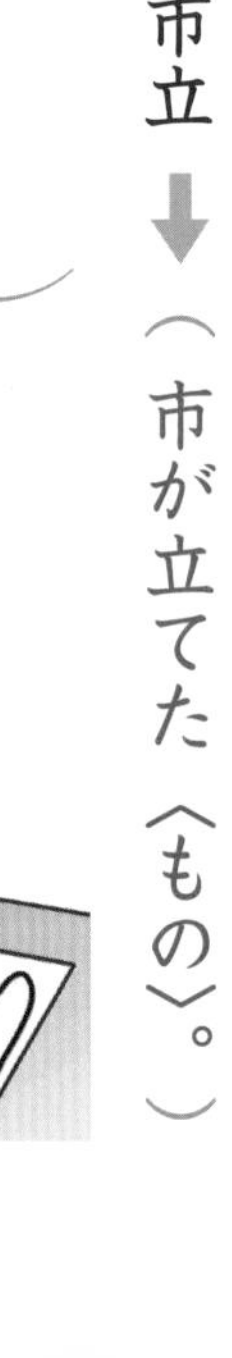

① 曲線 → （　　）

② 県立 → （　　）

③ 熱湯 → （　　）

④ 人造 → （　　）

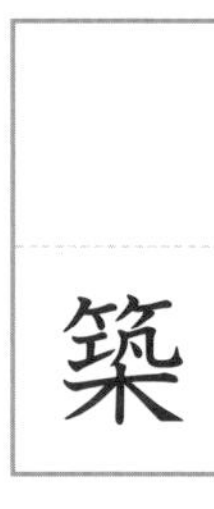

クイズ

「眼」の下について、二字の熟語ができないのは？

① 上　② 中　③ 下

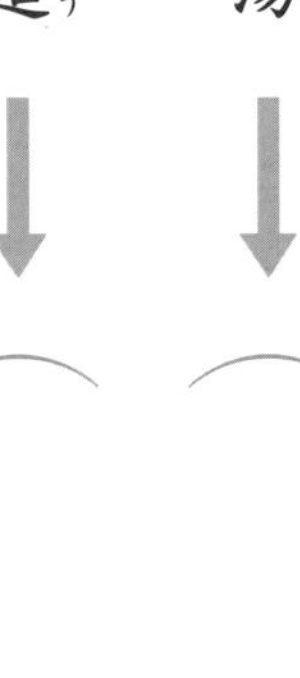

答え ▷ 87ページ

34

熟語の構成②

目標 10分

月　日

得点　　点

1 次の熟語の組み立ては、アとイのどちらですか。記号を書きましょう。　一つ4点【16点】

① 防火　□

② 未知　□

③ 着席　□

④ 不満　□

ア 「登山」＝「登る←山に」のように、上の漢字が動作を表し、下の漢字がその対象・目的となるもの。

イ 「無害」＝「無い←害が」のように、下の漢字の意味を、上の漢字が打ち消すもの。

2 次の熟語と組み立ての型が同じものを、それぞれ□から選んで、記号を書きましょう。　一つ4点【20点】

① 乗車　□

② 未定　□

③ 開店　□

④ 無事　□

⑤ 上陸　□

① ア 求人　イ 強風　ウ 天地

② ア 市立　イ 容易　ウ 不要

③ ア 海底　イ 入院　ウ 寒冷

④ ア 大群　イ 未開　ウ 売買

⑤ ア 愛好　イ 校歌　ウ 帰国

3

例 にならって、次の意味を表す二字の熟語を、意味の中の漢字を使って書きましょう。また、（　）には熟語の読みがなを書きましょう。

一つ4点【40点】

例・白い旗。→ 白旗（しろはた）

① 火を消す。→ 　（　）

② 手を挙げる。→ 　（　）

③ 安心ではない。→ 　（　）

④ 熱を加える。→ 　（　）

⑤ 船を造る。→ 　（　）

4

例 にならって、次の熟語の、その組み立てに着目した意味を書きましょう。

一つ4点【24点】

例・増量 →（量を増やす。）・不幸 →（幸せでない。）

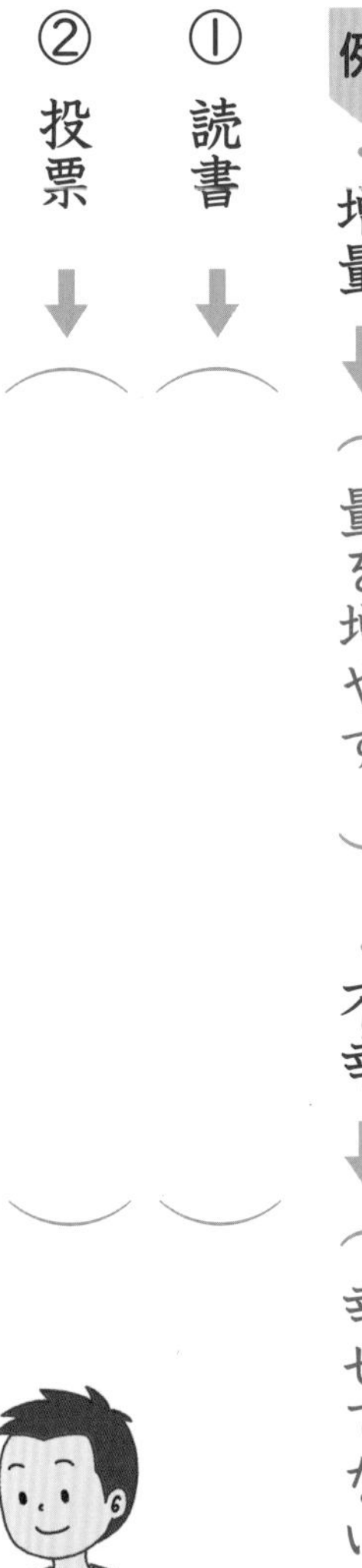

① 読書 →（　）

② 投票 →（　）

③ 無休 →（　）

④ 預金 →（　）

⑤ 入学 →（　）

⑥ 非常 →（　）

クイズ

上に「非」が付いても熟語にならないのは？

①満　②礼　③番

答え ▶ 87ページ

35 かくにんテスト⑥

名前

目標 15分　月　日

得点　　点

読む力

1 次の文章を読んで、後の問題に答えましょう。 一つ5点【25点】

昨日、姉が志望校に合格した。わたしは合格祝いに、きれいな糸で〔おられた〕財フを買った。母は八百屋さんで果物、父は有名なおかし屋さんでケーキを買ってきた。夕食のとき、姉にプレゼントをわたしてお祝いをした。食後には〔あつい〕コーヒーを飲みながら、ケーキを食べた。

① 財フの□に入る漢字を○で囲みましょう。（付・布・夫・婦）

② ――線の言葉の読み方を書きましょう。

八百屋（　　）

果物（　　）

③ 〔　〕の言葉を漢字と送りがなで書きましょう。

おられた（　　）

あつい（　　）

2 次の音読みをする漢字を、熟語に合うように書きましょう。 一つ4点【20点】

① セイ……㋐□限　㋑□治

② ヒ……㋐対□　㋑□料　㋒□売品

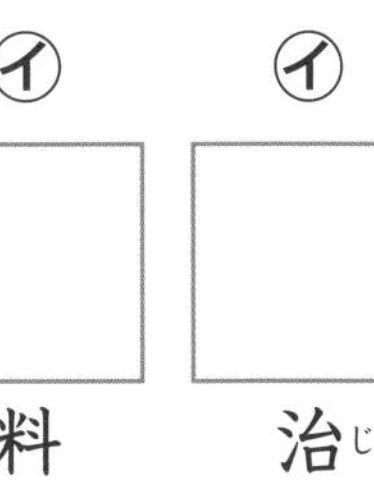
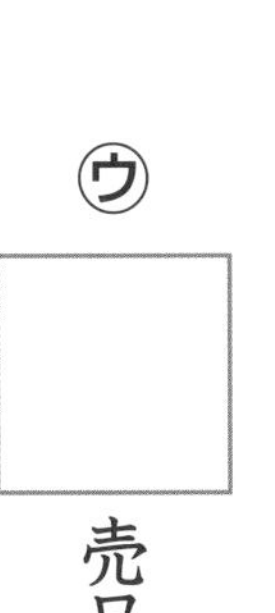

3 次のように読む熟語を、文に合うように漢字で書きましょう。

一つ5点【25点】

① セイカク

㋐ [　　] に計算する。

㋑ 弟は勝ち気な [　　] だ。

② シュウセイ

㋐ [　　] わすれない思い出。

㋑ まちがいを [　　] する。

㋒ ねこの [　　] を調べる。

4 例にならって、次の熟語の、その組み立てに着目した意味を書きましょう。

一つ5点【30点】

例 ・小川 → （小さい川。）　・乗車 → （車に乗る。）

① 深海 → （　　）

② 決心 → （　　）

③ 町営（ちょうえい） → （　　）

④ 無情（むじょう） → （　　）

⑤ 再会（さいかい） → （　　）

⑥ 開会 → （　　）

答え ▶ 88ページ

36 まとめテスト①

名前

目標 15分

月　日

得点　点

読む力

1 次のようなできごとを先生に話します。――線①〜⑥を適切（てきせつ）な敬語（けいご）に直して書きましょう。　一つ4点【24点】

先生が以前に①読んだという本を、わたしも②読んだ。③聞いていたとおりの心温まる④話で、わたしも⑤感動した。次はわたしが選んだ本の内容（ないよう）を先生に⑥しょうかいしたいと思います。

① 　②

③ 　④

⑤ 　⑥

2 次の――線の言葉を、〔　〕の言葉に直して書きましょう。　一つ4点【24点】

① 自動車の速度を計る。〔和語〕 ↓

② みんなでかたづける。〔漢語〕 ↓

③ 住所と氏名を帳面に書く。〔外来語〕 ↓

④ フルーツを切り分ける。〔和語〕 ↓

⑤ ライトを少し暗くする。〔漢語〕 ↓

⑥ おどりのふり付けをする。〔外来語〕 ↓

3 次のような場合、ア 方言、イ 共通語のどちらを使うのが自然ですか。それぞれ、あてはまるほうの記号を書きましょう。 一つ4点【8点】

① 放課後、友達どうしで雑談(ざつだん)しているとき。

② 全国大会の開会式で、スピーチをするとき。

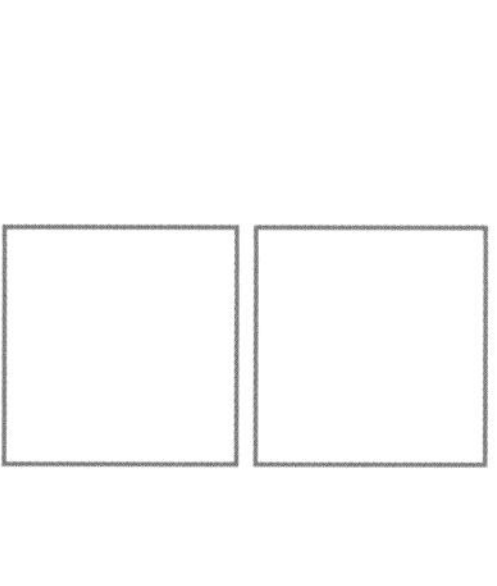

4 例 にならって、次の二つの言葉を組み合わせて一つの言葉にし、（　）にはその読み方を書きましょう。 一つ4点【32点】

例 力 ＋ 強い → （力強い）・〔ちからづよい〕

① 書く ＋ 終わる → （　　）・〔　　〕

② 雨 ＋ もる → （　　）・〔　　〕

③ 白い ＋ 波 → （　　）・〔　　〕

④ 似(に)る ＋ 顔 ＋ 絵 → （　　）・〔　　〕

書く力

5 次の文の――線のように発音する言葉と＝＝線の漢字に気をつけて、すべてひらがなにして文を書きかえましょう。 一つ6点【12点】

① オトーサンはユービンキョクから小包を送った。

（　　　　　　）

② ユーマデモナク、オネーサンはわたしにとって心強い味方である。

（　　　　　　）

答え ▶ 88ページ

37 まとめテスト②

読む力

1 次の文章を読んで、後の問題に答えましょう。【48点】

母は庭で草花を大切に育てている。㋐季節は春になり、草花が美しくさきみだれる。㋑庭をふきぬける春の快い風が、草花をやさしくゆらす。㋒母が生けた生け花は、どれもとても美しい。

① ㋐の文から、主語（　　）―述語（　　）を二組ぬき出しましょう。一つ5点(20点)

（　　）―（　　）・（　　）―（　　）

② ㋑の文の「風が」を修飾している言葉をすべてぬき出しましょう。全部できて6点

（　　）

③ ㋒の中心となる文の、主語と述語をぬき出しましょう。一つ5点(10点)

・主語…（　　）　・述語…（　　）

④ ㋐〜㋒の文は、単文・重文・複文のどれにあたるか書きましょう。一つ4点(12点)

㋐（　　）　㋑（　　）　㋒（　　）

2 次の――線の言葉と組になって使われる言葉を書きましょう。一つ4点【12点】

① この辺りでは、雪はめったにふら（　　）。

② あの雲は、（　　）羊のようだ。

③ （　　）会議に欠席するなら、知らせてください。

名前

目標 15分

月　日

得点

点

3 次の文に、（　）のような意味をそえる場合、（　）にあてはまる言葉を書きましょう。 一つ4点【12点】

① 弟はいつも、ゲーム（　　）やっている。
〔ほかのことはやっていない。〕

② テストの残り時間は五分（　　）ある。
〔五分という時間が多い。〕

③ 母が大切にしている皿をわって（　　）。
〔取り返しのつかない状態になった。〕

書く力
4 次の文を、後の□から適当な言葉を選んで使い、二つの文に分けて書きましょう。 一つ7点【28点】

① 雨がふったので、遠足は中止になった。
（　　）

② 今日は天気がよかったのに、外で遊べなかった。
（　　）

③ あの人は母の姉で、わたしのおばさんだ。
（　　）

④ スポーツが大好きなのは、体を動かすと気持ちがよいからだ。
（　　）

しかし　つまり　だから　たとえば　なぜなら

答え ▶ 88ページ

38 まとめテスト③

名前

目標 15分

月　日

得点(とくてん)　　点

読む力

1 次の文章を読んで、後の問題に答えましょう。

一つ5点【20点】

毎年、夏休みや正月は㋐キセイする人の車で、高速道路は大じゅうたいになる。交通が㋑キセイされることもある。わたしの父は車で出かける前にはいつも、テレビやラジオで交通情報(じょうほう)を㋒たしかめて、じゅうたいに㋓そなえている。

① ——線の言葉を漢字で書きましょう。

② ══線の言葉を漢字と送りがなで書きましょう。

㋐（　　）　㋑（　　）　㋒（　　）　㋓（　　）

2 次の漢字は、成り立ちからどのような文字に分類されますか。後の［　］から選んで、記号を書きましょう。

一つ3点【18点】

① 岩…［　］　② 耳…［　］　③ 草…［　］

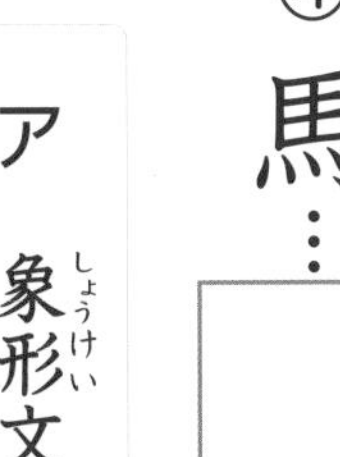

④ 馬…［　］　⑤ 末…［　］　⑥ 飯…［　］

ア 象形(しょうけい)文字　イ 指事文字
ウ 会意文字　エ 形声文字

3 次の――線の漢字や熟語(じゅくご)の読みがなを書きましょう。 一つ4点【32点】

① ㋐ 増える（　　）
　 ㋑ 増す（　　）

② ㋐ 覚える（　　）
　 ㋑ 覚める（　　）

③ ㋐ 容易（　　）
　 ㋑ 貿易（　　）

④ ㋐ 無害（　　）
　 ㋑ 無礼（　　）

4 次の――線の言葉の、特別な読み方を書きましょう。 一つ4点【12点】

① 父が眼鏡を買いかえた。（　　）

② 博士が助手に指示(しじ)をする。（　　）

③ 弟が迷子になる。（　　）

5 次の文の□に、後の□から漢字を二つずつ選んで作った熟語を入れて、文を完成させましょう。 一つ6点【18点】

① 一秒の差が、二人の選手の□を分けた。

② わたしと父とでは、力の差が□ほどもある。

③ 自宅(じたく)からおじの家までは三時間あれば□できる。

増　復　地　空　暗　天　照　往　明

答え ▶ 88ページ

答えとアドバイス

▼まちがえた問題は、もう一度やり直しましょう。
▼アドバイスを読んで、参考にしてください。

1 和語・漢語・外来語① 5～6ページ

1 ①イ　②ア　③ウ　④イ　⑤ア　⑥ウ

2 ①漢語　②外来語　③和語

3 ①代理　②シューズ

4 ①ア　②ウ　③エ

5 ①例決める　②例みんな　③例速さ

6 ①としつき・ネンゲツ　②きのう・サクジツ

アドバイス

1 もともと日本にあった言葉で、漢字を訓で読む言葉は和語です。漢字の音読みで表される言葉は漢語です。

クイズ ①（「はつゆき」と訓読みします。②「ショシン」、③「ショキ」は漢語です。）

2 和語・漢語・外来語② 7～8ページ

1 ①漢語　②和語　③外来語　④和語　⑤外来語　⑥漢語

2 ①例使用　②例理由　③例試験　④例昼食

3 ①㋐セイブツ　㋑なまもの　②㋐シキシ　㋑いろがみ　③㋐フウシャ　㋑かざぐるま

4 ①例家の周りで見つけたきれいなひまわりの絵をかく。
②例二時に開始した試合は、友人が応えんしてくれたのに敗北してしまった。

クイズ ③（ポルトガル語の「（スペインの）カスティリャ地方のパン」という言葉からきたとされています。）

3 敬語① 9～10ページ

1 ①イ　②ア　③イ

2 ①学校です（学校でございます）　②つかれました　③来るそうです　④折れません

3 ①母です　②もらいました　③帰ったのですか　④読みましょう　⑤いいます

4 ①例先週のことが思い出せません。　②例図書室はとても静かでした。　③例花びんに（お）花が生けてあります。　④例あなたに（ご）ほうびをあげましょう。

アドバイス

2 相手に対して、ていねいに話す敬語がていねい語です。

4 ていねい語の基本は、文末を「～です」「～ます」にすることです。③④「お花」「ごほうび」もていねい語です。

クイズ ③（①はけんじょう語、②は尊敬語です。）

4 敬語② 11～12ページ

1 ①ア　②イ　③イ　④ア

2 ①イ　②ウ　③ウ

3 ①めし上がって　②なさいます　③おこしになります　④おっしゃって　⑤ごらんになります

4 ①出発なさい　②ください　③なさって

アドバイス

1 話し手が、相手や話題になっている人を高めて言うときに、尊敬語を使います。

2 ①「いらっしゃる」は特別な言い方の尊敬語で、「行く」のほか「来る」「いる」の尊敬語にもなります。

4 ②「くれる」の尊敬語は「くださる」、①③「する」の尊敬語は「なさる」「される」です。

クイズ ③（「お読みになる」、「読まれる」は尊敬語、「お読みする」はけんじょう語です。）

5 敬語③ 13～14ページ

1 ①ア ②イ ③ア ④イ

2 ①イ ②イ ③ア ④ア ⑤イ

3 ①申して ②参ります ③いただいて
④うかがいたい ⑤差し上げよう

4 ①わたしが書類を先方におとどけします（おとどけいたします）。
②父は今、家におります。
③明日、母とあいさつに参ります（うかがいます）。

アドバイス

1 自分や身内の動作をけんそんして言うことで、相手への敬意を表す敬語を「けんじょう語」といいます。

2 主語がすべて自分や身内なので、けんじょう語を使います。②⑤「お(ご)～する（いたす）」の言い方を使います。

4 ③「参る」は「行く」「来る」のけんじょう語です。

クイズ ③（「お会いになる」は「会う」の尊敬語です。「お目にかかる」や「お会いする」はけんじょう語で、会う相手をうやまう気持ちを表します。）

6 かくにんテスト① 15～16ページ

1 ①みんな ②昼食

2 ①ウ・オ・ク・サ〈順不同〉
②イ・エ・カ・コ〈順不同〉
③ア・キ・ケ・シ〈順不同〉

3 ①イ ②ウ ③ア

4 ①登りましょう ②なさった（された）
③いただいた ④ごらんになる
⑤来ました ⑥参ります
⑦おっしゃいます ⑧いただいた

アドバイス

2 シの「かるた」は、ひらがなで書かれていますが、ポルトガル語から入ってきた外来語です。

3 ①「お客様」、③「先生」と、話題にしている人をうやまう尊敬語にします。

7 方言と共通語 17～18ページ

1 ①イ ②ア ③ウ

2 ①イ ②ア ③イ ④ア

3 ①ア ②ウ ③エ ④イ

4 イ・オ・カ〈順不同〉

クイズ ①（「寒い」という言葉では表現しきれないほどの、きびしい寒さのことをいいます。）

8 複合語① 19～20ページ

1 ①休み ②ガラス ③発売
④クリーム ⑤はがき ⑥ふぶき

2 ウ・エ・ク・ケ〈順不同〉

3 ①国語辞典 ②運動ぐつ ③消しゴム

4 ①工事・現場 ②田・植える
③飛ぶ・回る ④ねる・苦しい
⑤書く・始める

5 ①イ ②ア ③エ ④オ
⑤ウ ⑥イ ⑦カ ⑧ア

クイズ ①

9 複合語② 21～22ページ

1 ①包み紙・つつみがみ
②雨雲・あまぐも
③心細い・こころぼそい
④青白い・あおじろい
⑤引き返す・ひきかえす

2 ①紙ぶくろ ②近寄る
③名付ける ④走り去る

3 ①かける・回る ②うすい・暗い
③山・登る ④アップル・パイ
⑤借りる・物・競走 ⑥目・覚ます・時計

4 ①入学試験 ②デジタルカメラ
③特別急行（列車）
④コンビニエンスストア

アドバイス

1 ②「雨雲」の発音は「あまぐも」となります。

クイズ ③（「一進一退」は「進んだりもどったりすること」という意味です。）

10 書き言葉と話し言葉 23〜24ページ

1 ①ア・ウ・エ ②イ・オ・カ 〈それぞれ順不同〉

2 ①イ ②ア ③イ

3 ①例 来週の体育に持ってくるもの
②運動会の練習
③せなかにゼッケンを付けて
④手ぬぐいとはちまき
⑤二本

4 ①例 おとといは、兄と二人で図書館に行きました。
②例 そして、ゲームにあきたので、外で野球をしました。

アドバイス
4 ①「えっと」や「……」など、文に直して書くときに不要な部分は省いて、改まった言い方にしましょう。

クイズ ③（「草々」は手紙の最後に使う言葉です。）

11 かなづかい 25〜26ページ

1 ①イ ②ア ③ア ④ア ⑤イ ⑥ア

2 ①ア ②ア ③イ ④イ ⑤イ

3 ①あ ②う ③い ④え

4 ①おかあさん ②いう ③にいさん
④ねえさん ⑤ゆうめい

5 ①きょ~~お~~（う）・かきご~~う~~（お）り
②と~~う~~（お）く・どう~~ゆ~~（い）うふうに
③ち~~じ~~（ぢ）んで
④せ~~え~~（い）えん・おもてど~~う~~（お）り

アドバイス
4 ②「言う」は「いう」、⑤「有名」は「ゆうめい」と書きます。
5 ①「かき氷」の「氷」は「こおり」です。

クイズ ②（正しくは「おおかみ」です。「こおろぎ」「ほお」にも気をつけましょう。）

12 かくにんテスト② 27〜28ページ

1 ①例 明日の持ち物は、お弁当と飲み物とタオルです。
②走り回って（走り回り）
③ぼくたち~~わ~~↓は・遊びつ~~ず~~けた↓づ

2 ①おおい ②とおい ③いう
④ほうほう ⑤こおりみず ⑥じめん

3 ①方言 ②感情 ③共通語 ④ニュース

4 ①情け深い・なさけぶかい
②心強い・こころづよい
③雨がっぱ・あまがっぱ
④鼻血・はなぢ
⑤船乗り・ふなのり

13 短歌・俳句（はいく） 29〜30ページ

1 ①五・七・五・七・七
②五・七・五
③七人・夕焼け
④・季語…五月雨 ・季節…夏

2 ①母のいのち
②例 金色の小さい鳥（の形）・夕日・金色
（季語・季節・説明の順に）

3 ①菜の花・春・イ ②こがらし・冬・ア

アドバイス
1 ④「五月雨（さみだれ）」は、六月ごろふり続く雨のことで、夏の季語です。

クイズ ①

14 文語詩 31〜32ページ

1 ①・こひしき↓こいしき
・おとづれも↓おとずれも
②ウ

2 ①七・五 ②エ ③イ
④例 山のかなたのもっと遠くに

アドバイス
2 ①②すべての行が七音と五音を組み合わせた定型詩（ていけいし）で、文語定型詩です。**1**の詩も、最後の行以外は七音と五音で書かれています。

クイズ ③

15 古文 33〜34ページ

1 ①㋐いいける　㋑うつくしゅうていたり
②㋐いろいろ　㋑不思議だ
㋒かわいい

2 ①㋐だんだん　㋑明るくなって
㋒おもむきがある
②㋐明け方　㋑夜　㋒夕ぐれ　㋓早朝

アドバイス
1 ②「うつくし」には、現代語と同じ「きれいだ」の意味の他に、「かわいい」「いとしい」「りっぱだ」などの意味があります。

クイズ ②（「仏の顔も三度」は「どんなに情け深い人でも、何度もひどいことをされればおこりだす」ことのたとえです。）

16 漢文 35〜36ページ

1 ①ねむり　②鳥　③風と雨　④花

2 ①㋐ウ　㋑エ　㋒イ　㋓オ　㋔ア
②イ

アドバイス
1 漢文は、そのままでは読みにくいので、漢字を読む順序を示したり、送りがなを付けたりしてくふうして読みます。これを「書き下し文」といいます。

2 ②「温故知新」は、「故きを温ねて新しきを知る（＝古いことを学んで、そこから新しいことを知る）」と書き下します。

クイズ ①④（「賀正」の「正」は「正月」、「賀春」の「春」は「初春。新春」の意味で、どちらも新年を祝う言葉です。）

17 かくにんテスト③ 37〜38ページ

1 ①七・五
②野の鳥さえも・たずね来て　③ウ

2 ①㋐とても　㋑これくらい
㋒どうして　㋓安全な所
②あやまちは、安き所になりて、必ずつかまつることにさうらふ。

アドバイス
2 ②筆者は、「高名の木登り」の言葉に感心してこの文章を書いたと思われます。その木登りが言った言葉をよく読んで、要点をつかみましょう。

18 つながりを示す言葉 39〜40ページ

1 ①イ　②ア　③ア　④イ

2 ①エ　②ウ　③ア　④イ

3 ①ば　②が　③ので　④ても

4 ①例 おなかがすいた。だから、ラーメンを作った。
②例 秋になった。しかし、まだまだ暑い日が多い。
③例 空を見上げた。すると、わたり鳥が飛んでいた。

アドバイス
2 ③は前の文が後の文の理由になっている関係、④は後の文が前の文の理由になっている関係です。

4 ③前の文を後の文にそろえて、「…見上げた。」と過去の言い方にし、元の文の「…見上げると」の「と」を「すると」に置きかえて、前後の文をつなぎます。

クイズ ③（「けれども」は、「おなかがすいた。けれども、食べるものがなかった。」のように、前の文に反する内容を続けるときに使う接続語です。）

19 意味をそえる言葉 41〜42ページ

1 ①イ　②ア　③イ

2 ①イ　②ウ　③ア

3 ①みる　②いく

4 ①だけ　②なんて　③さえ　④くらい

クイズ ②（「積んである」も「折ってある」も、積まれた、あるいは折られた「状態が続いている」という意味です。③「教室にあるいす。」の「ある」は「存在する」という意味です。）

20 組になって使われる言葉　43〜44ページ

1 ①エ　②イ　③ア　④ウ

2 ①でも　②ようだ　③ください　④ない

3 ①決して　②たぶん　③もしも　④どうぞ　⑤なぜ

4 ①ようだ　②ください　③だろう　④まい

アドバイス

4 ④「まさか」は、打ち消しの推定の語と結び付いて、「まさか〜ないだろう」「まさか〜まい」のように使います。

クイズ ①

21 文の組み立て①　45〜46ページ

1 ①父と母は・散歩する　②消しゴムが・ありません　③犬が・遊んでいたよ

2 ①買った　②人が（人）　③有名だ　④星を（星）

3 ①綿あめのような・白い　②台所で・歌いながら・チャーハンを　〈いずれも順不同〉

4 ①㋐母はうれしそうに、……。　㋑母は、うれしそうに……。　②㋐ぼくは、友達と家族への……。　㋑ぼくは友達と、家族への……。

アドバイス

4 ②㋐は「友達と家族への」が「おみやげを」を修飾する形で、㋑は「友達と」が「買った」を修飾する形です。

クイズ ③

22 文の組み立て②　47〜48ページ

1 ①イ　②ウ　③ア

2 ①花が―さき・鳥が―さえずる　②姉が―作ってくれた・クッキーは―おいしかった

3 ①まい　②で

4 ①例 日差しが強かったので、ぼくはぼうしをかぶって外へ出た。　②例 冷たい風がふいていたのに、父はコートを着ずに外出した。　③例 祖父がかいた子ねこの絵が、げん関にかざってある。

アドバイス

4 ①②それぞれ㋐が文の中心で、その理由やそれに反することが付け加わった形の複文にします。③文の主語「子ねこの絵が」を㋑の内容で修飾する形の複文にします。

クイズ ②

23 かくにんテスト④　49〜50ページ

1 ①例 昨日は母のたん生日だったので、プレゼントに花屋さんで花束を買った。　②複文

2 ①イ　②ア　③イ

3 ①まるで（まさに）　②ない　③たとえ　④たら　⑤ないだろう

4 ①山では・おしゃべりしているように　②一組と二組による・みごとな　③（どんなに）つかれていても・練習を　〈いずれも順不同〉

アドバイス

1 ②「母は……喜んだ。」がこの文の中心で、その理由を「それは……花だったので」と付け加えている複文です。

24 漢字の成り立ち①　51〜52ページ

1 ①ウ　②オ　③カ　④エ　⑤ア　⑥イ

2 ①イ　②ウ

3 ①下　②末　③本　④上

4 ①田・火・川　②七・天・一　〈いずれも順不同〉

アドバイス

2 ①木・石・魚は象形文字、三は指事文字です。②目・門・人は象形文字、八は指事文字です。

クイズ ③

25 漢字の成り立ち② 53～54ページ

1 ①鳴 ②林 ③信 ④男 ⑤加

2 ①女・子 ②山・石 ③日・月 ④人・立 ⑤言・十〈いずれも順不同〉

3 ①反・木 ②化・艹 ③古・口

4 洋・課・管・速・究〈順不同〉

5 ①氵・エ ②貝・オ ③扌・カ ④灬・イ

アドバイス

3 ①は「ハン・バン」、②は「カ」、③は「コ」という音読みに注意して、音を表す部分を見つけましょう。

5 ④「灬」（れんが・れっか）は「火」の意味を表します。

クイズ ③（「解」の部首は「つのへん」です。「解」は、「角」と「刀」と「牛」を組み合わせた会意文字です。刀で、牛の角や体をばらばらに切り分けることを表しています。）

26 いろいろな音・訓をもつ漢字 55～56ページ

1 ①ア ②ウ ③ウ

2 ①㋐りゅうがく ㋑るす ②㋐ぶし ㋑むしゃ ③㋐はんてい ㋑ひょうばん

3 ①㋐ま ㋑ふ ②㋐おさ ㋑なお ③㋐つめ ㋑ひ ㋒さ

4 ①便 ②興

アドバイス

4 ②「余興」は、えん会などでおもしろさを増すために行うもよおし、「興行」は、しばいや映画などをお金をとって見せることです。

クイズ ②（「国境」には、「くにざかい」と「こっきょう」の二つの読み方があります。どちらも「国と国の境目」という意味です。）

27 まちがえやすい送りがな 57～58ページ

1 ①ア ②ウ ③イ ④イ ⑤ウ ⑥ウ

2 ①㋐める ㋑える ②せる ③う ④れる

3 ①群らがる→群がる ②断わる→断る ③留る→留める ④快よく→快く

4 ①試みる ②志す ③必ず ④備える ⑤耕す ⑥再び ⑦率いる

アドバイス

3 ①「群れ」と「群がる」です。

4 ②「志」には、「こころざし」と「こころざ（す）」の訓読みがあります。

クイズ ①（正しくは「失う」です。まちがえやすいので気をつけましょう。）

28 かくにんテスト⑤ 59～60ページ

1 ①冓 ②備えて ③忄 ④はんせい・しょうりゃく

2 ①鳥・馬 ②末・下 ③明・動・休 ④清・粉・持〈いずれも順不同〉

3 ①㋐てんねん ㋑とうぜん ②㋐きょうそう ㋑けいば ③㋐ぞうきばやし ㋑ふくざつ

4 ①逆らう ②現れる ③快く ④営む ⑤確かめる

アドバイス

1 ③「忄（りっしんべん）」は「心」からできた「へん」です。「忄」や「心」のつく漢字には、心の動きに関係する意味があります。書き順にも気をつけましょう。

29 同じ訓読みの漢字 61～62ページ

1 ①㋐イ ㋑ウ ㋒ア ②㋐ウ ㋑ア ㋒イ ③㋐ア ㋑イ

2 ①㋐目 ㋑芽 ②㋐河 ㋑川

3 ①㋐写す ㋑移す ②㋐敗れる ㋑破れる ③㋐作る ㋑造る ④㋐説く ㋑解く

4 ①努める→務 ②交ぜて→混 ③止める→留

アドバイス

4 ③「立ち止まる」と「ボタンを留める」のちがいをよく覚えておきましょう。

クイズ ②（「表す」は「考えや気持ちなどをはっきり示す」、「現す」は「すがたや形を見えるように外に出す」という意味です。）

30 同じ音読みの漢字 63〜64ページ

1 ①㋐ア ㋑イ ②㋐イ ㋑ア
③㋐イ ㋑ア ④㋐ア ㋑イ

2 ①㋐以 ㋑位 ㋒移 ②㋐境 ㋑鏡 ㋒競
③㋐経 ㋑景

3 ①㋐清 ㋑精 ②㋐検 ㋑険
③㋐復 ㋑複 ④㋐構 ㋑講

4 ①㋐営 ㋑永 ㋒衛 ②㋐条 ㋑状 ㋒常
③㋐財 ㋑在 ㋒罪

5 ①製限→制 ②功果→効

クイズ ③（「持」と「時」の音読みはどちらも「ジ」です。この二つの漢字に共通する「寺」の音読みも「ジ」です。しかし、「特」の音読みは「トク」です。）

31 同じ読み方の言葉 65〜66ページ

1 ①ア ②ウ ③イ

2 ①ア ②イ ③ア ④イ

3 ①㋐証明 ㋑照明 ②㋐自体 ㋑事態
③㋐帰省 ㋑規制 ㋒寄生

4 ①再開→再会 ②追求→追究
③衛生→衛星 ④指示→支持

アドバイス

4 ②「追求」は追い求めること。この文では、「わからないことをどこまでも調べ、はっきりさせようとすること」という意味の「追究」が適切です。

クイズ ③（「ぜったいに勝つ」などの「ぜったい」は「絶対」と書きますが、「ぜったいぜつめい」は「絶体絶命」と書きます。「追いつめられてどうすることもできないこと」です。）

32 特別な読み方の言葉 67〜68ページ

1 ①イ ②エ ③ア ④ウ

2 ①ケ ②キ ③カ ④エ
⑤ク ⑥オ ⑦イ ⑧ウ

3 ①きのう ②きょう ③あす ④ついたち

4 ①ともだち ②てつだう ③まいご
④めがね ⑤けしき ⑥しみず

アドバイス

4 ④「眼鏡」には「がんきょう」、⑥「清水」には「せいすい」という読み方もあります。

クイズ ②

33 熟語の構成① 69〜70ページ

1 ①イ ②ア ③ア ④イ ⑤エ ⑥ウ

2 永久・多少・勝敗・断絶・豊富・損得
〈順不同〉

3 例 ①行 ②路 ③岩 ④幸 ⑤加 ⑥建

4 ①曲がった線。②例 県が立てた（もの）。
③熱い湯。④例 人が造った（もの）。

アドバイス

2 「永久」「断絶」「豊富」は似た意味の漢字を、「多少」「勝敗」「損得」は意味が反対または対になる漢字を組み合わせた熟語です。

クイズ ①（「眼中にない」（気にも留めない）、「眼下の景色」などと使われますが、「眼上」という熟語はありません。「眼」と同じ意味をもつ「目」を使う「目上」という熟語はあります。）

34 熟語の構成② 71〜72ページ

1 ①ア ②イ ③ア ④イ

2 ①ア ②ウ ③イ ④イ ⑤ウ

3 ①消火・しょうか ②挙手・きょしゅ
③不安・ふあん ④加熱・かねつ
⑤造船・ぞうせん

4 ①書（物）を読む。②票を投じる。
③休みが無い。④金を預ける。（預けた金。）
⑤学校に入る。⑥例 常でない。

アドバイス

4 ⑥「常」とは「ふだん」のことで、「非常」は「ふだんとはちがっていること」です。

クイズ ①（「非礼」や「非番」という熟語はありますが、「満」に「非」は付きません。「肥満」という熟語はありますが、「非」ではありません。）

35 かくにんテスト⑥ 73〜74ページ

1 ①布 ②やおや・くだもの
③織られた・熱い

2 ①㋐制 ㋑政 ②㋐比 ㋑肥 ㋒非

3 ①㋐正確 ㋑性格
②㋐終生 ㋑修正 ㋒習性

4 ①深い海。 ②心を決める。
③例町が営む（もの）。 ④例情けが無い。
⑤再び会う。 ⑥会を開く。

アドバイス

3 ②㋐「終生」は「死ぬまでの間。生きている限り」という意味です。㋑「修正」は「直して正す」、㋒「習性」には「その種類の動物の特有な性質」などの意味があります。

4 ⑤「再会」は「再び↓会う」なので、上の漢字が下の漢字を修飾する組み立てです。

36 まとめテスト① 75〜76ページ

1 ①読まれた（お読みになった）
②読みました
③うかがって（お聞きして）
④お話 ⑤感動しました
⑥ごしょうかいしたい

2 ①速さ ②全員 ③ノート
④果物 ⑤例照明 ⑥ダンス

3 ①ア ②イ

4 ①書き終わる・かきおわる
②雨もり・あまもり
③白波・しらなみ
④似顔絵・にがおえ

5 ①おとうさんはゆうびんきょくからこづつみをおくった。
②いうまでもなく、おねえさんはわたしにとってこころづよいみかたである。

アドバイス

1 ①尊敬語にします。③「聞いて」は自分の動作なので、けんじょう語を使います。

37 まとめテスト② 77〜78ページ

1 ①（主語・述語の順に）
・季節は―なり
・草花が―さきみだれる
②庭をふきぬける・春の・快い〈順不同〉
③・主語…生け花は ・述語…美しい
④㋐重文 ㋑単文 ㋒複文

2 ①ない（ぬ） ②まるで（まさに）
③もし（もしも）

3 ①ばかり（だけ） ②も ③しまった

4 ①雨がふった。だから、遠足は中止になった。
②今日は天気がよかった。しかし、外で遊べなかった。
③あの人は母の姉だ。つまり、わたしのおばさんだ。
④スポーツが大好きだ。なぜなら、体を動かすと気持ちがよいからだ。

アドバイス

1 ④㋒の文は、「生け花は―美しい」が中心で、その主語「生け花は」を「母が生けた」という主語―述語が修飾している複文です。

38 まとめテスト③ 79〜80ページ

1 ㋐帰省 ㋑規制
㋒確かめて ㋓備えて

2 ①ウ ②ア ③エ ④ア ⑤イ ⑥エ

3 ①㋐ふ ㋑ま ②㋐おぼ ㋑さ
③㋐ようい ㋑ぼうえき
④㋐むがい ㋑ぶれい

4 ①めがね ②はかせ ③まいご

5 ①明暗 ②天地 ③往復

アドバイス

2 ③「艹」が意味を、「早」が音を表す形声文字です。
⑥「食」が意味を、「反」が音を表す形声文字です。

4 ②「はくし」という読み方もあります。

5 どれも、意味が反対・対になる漢字を組み合わせた熟語です。